순종 황제와
사라진 시계의 비밀

무심코 스치는 돌담에도, 돌담을 휘돌아 가는
바람 속에도 역사는 살아 숨 쉬고 있습니다.
〈숨 쉬는 역사〉는 알게 모르게 우리 곁에 숨 쉬고 있는
옛사람들의 이야기를 소곤소곤 들려줍니다.

이미지 출처
p. 22. 덕수궁, 세종학당재단 소장(2024년 촬영), 공공누리(www.kogl.or.kr)
p. 46. 〈지본인쇄 조선열성조능행도〉, 국립중앙박물관(www.museum.go.kr)
p. 168. 순종 초상, 국립고궁박물관(www.gogung.go.kr)
p. 168. 순종 황제 즉위 기념 사진 엽서, 국립고궁박물관

초판 1쇄 찍은날 2025년 7월 21일
초판 1쇄 펴낸날 2025년 7월 28일

글 권인순 | 그림 달상
펴낸이 서경석
책임편집 김진영 | 편집 이봄이 | 디자인 권서영
마케팅 서기원 | 제작·관리 서지혜, 이문정
펴낸곳 청어람 엠앤비 | 출판등록 2009년 4월 8일(제 313-2009-68호)
주소 서울특별시 구로구 디지털로 272 한신IT타워 404호 (08389)
전화 02)6956-0531 | 팩스 02)6956-0532
전자우편 juniorbook0@gmail.com
블로그 blog.naver.com/juniorbook
인스타그램 @chungeoram_junior

ISBN 979-11-94180-11-1 73810

ⓒ 권인순, 달상, 청어람주니어 2025

※ 청어람주니어는 청어람 엠앤비(도서출판 청어람)의 아동·청소년 브랜드입니다.
※ 이 책의 내용 일부 또는 전부를 재사용하려면 반드시 저작권자와 청어람주니어 양측의 동의를 얻어야 합니다.

순종 황제와 사라진 시계의 비밀

권인순 글 | 달상 그림

| 머리글 |
춤과 음악에 진심인 두 친구가 만났다!

둥! 둥! 빠바밤! 삘리리리!

이 낯설고도 강렬한 소리에 처음 마음을 빼앗긴 건, 몇 년 전 BTS의 슈가가 발표한 〈대취타〉라는 노래를 들었을 때였어요.

"명금일하 대취타 하랍신다!"

집사의 선창에 따라 시작되는 징의 묵직한 울림과 태평소의 날카로운 소리, 북과 나발이 어우러진 장단은 마치 과거로 시간 여행을 떠나는 듯한 기분이 들게 했지요. 조선 시대를 거쳐 대한 제국까지 임금의 행차나 군대의 행진에서 장엄하고 기운차게 울려 퍼졌을 취타대의 연주를 상상하며, 문득 이런 질문이 떠올랐어요.

'대한 제국의 마지막 황제와 마지막 황실 취타대의 연주는 어땠을까?'

여러분은 대한 제국 말기에 일본이 우리나라 군대를 해산시키면서 〈대취타〉가 역사 속으로 영영 사라질 뻔했다는 사실을 알고 있나요?

일제 강점기에는 대한 제국의 주권과 외교권, 군사권을 빼앗겼을 뿐만 아니라, 우리나라의 말과 글, 애국가와 전통 음악조차도 자유롭게 사용할 수 없었어요. 우리가 지금 듣는 전통 음악과 연주들이 그 시절을 이겨 내고 오늘날까지 전해질 수 있었던 것은 그만큼 그것을 지키려고 애쓴 사람들이 있었기 때문이지요.

이 동화는 마지막까지 대한 제국을 지키려 애쓴 사람들을 상상하며 써 내려간 이야기랍니다. 그리고 동시에 자신이 진심으로 좋아하는 것을 끝까지 지켜 내려는 사람들의 이야기이기도 하지요.

　춤을 좋아하는 요즘 아이 지민이와 대한 제국의 소리를 지키려는 황실 취타대 김윤의 이야기를 통해 '좋아하는 것에 진심을 다하는 삶'에 대해 생각해 볼 수 있어요.

　이 책을 읽는 여러분도 분명 무언가를 진심으로 좋아하는 마음을 지니고 있을 거예요. 그 마음을 지켜 나갈 용기도 함께 자라나길 바라며, 지금부터 1907년 대한 제국으로 시간 여행을 떠나 볼까요?

권인순

| 차례 |

머리글
춤과 음악에 진심인 두 친구가 만났다! 4

회중시계 8
　대한 제국의 황궁, 덕수궁 22
홍당무 아닌 광무? 23
대한 제국 황실 취타대 33
　황실의 위엄을 연주하다, 취타대 46
달을 닮은 아이 47
사라진 시계 56
파란 눈의 에케르트 69
파고다공원에서 춤을 80
짓밟힌 꿈 90
거절할 수 없는 제안 101
두 개의 비밀 110
주인 없는 양위식 120
성난 민심의 불길 131
회중시계의 비밀 143
시간을 잇는 소리 151
　대한 제국의 마지막 황제, 순종 즉위식 168

회중시계

"지금 여러분이 걷고 있는 길은 '고종의 길'입니다."

덕수궁 돌담길을 따라 걷는 동안 할아버지의 열띤 강연이 계속됐다. 황금 같은 일요일에 따분한 고궁 탐방이라니 생각할수록 화가 났다.

5학년 돼서 처음 본 사회 단원 평가에서 나는 30점을 맞았다. 역사에는 관심도 없고, 오래전 과거사를 왜 공부해야 하는지 이해도 안 됐다. 이미 다 지난 일이 아닌가? 미래를 준비하며 현재를 살아야지 과거가 다 무슨 소용이람. 하지만 엄마는 마치 내가 대학 수능 시험을 망치기라도 한 것처럼 호들갑을 떨었다. 곧바로 한국사

책을 주문했고, 할아버지가 봉사 활동을 하는 박물관 역사 탐방 교실에도 등록했다.

"박지민, 내년이면 6학년인데 춤만 추지 말고 이제는 공부도 해야지. 30점이 뭐니?"

"아니, 역사는 어렵고 재미없다고. 그리고 우리 반 애들 다 못 봤어."

"내 평생에 30점은 처음 본다. 우리 아들이 엄마 심심할까 봐 서프라이즈도 해 주고 말이야."

"알았어. 다음에는 잘……."

하지만 엄마는 내 말이 채 끝나기도 전에 단호하게 말했다.

"이번 주부터 할아버지 따라서 역사 탐방 교실 똑바로 다녀. 안 그러면 댄스 동아리인지 뭐지도 못 할 줄 알아."

"그건 아니지. 댄스 동아리랑 시험이랑 무슨 상관이 있다고?"

"이제 곧 중학교도 가야 하는데 언제까지 춤 타령만 할 거야? 그리고 네가 공부를 다 하고 나서 춤을 추면 누가 뭐라고 하니?"

"중학교 가려면 아직 일 년 반이나 남았는데 뭐."

"일 년 반밖에 안 남았으니 문제지. 학원도 빠지지 말고. 하나라도 제대로 안 하면 알지?"

치사하다. 내가 가장 좋아하는 춤으로 협박하다니. 춤 없는 세상이라니? 그건 팥이 빠진 붕어빵이고, 방학 없는 학교와도 같다. 상상만 해도 아찔하다.

나는 춤추는 게 좋다. 내가 춤에 빠지게 된 건 정말 우연이었다. 4학년 겨울 방학 때 TV에서 마이클 잭슨 다큐멘터리를 봤는데 마치 번개에 맞은 것 같았다. 그때 느꼈던 흥분과 설렘을 지금도 잊지 못한다. 몸에 있는 세포들이 하나하나 눈을 뜨는 느낌이랄까? 그날부터 마이클 잭슨의 노래와 춤 영상을 빠짐없이 찾아서 암기하듯 보고 또 봤다. 그리고 직접 집 근처에 있는 청소년 문화 센터의 댄스 동아리를 찾아가 입단도 했다. 저스트 댄스. 동아리 이름도 완벽했다.

매주 토요일 오후, 저스트 댄스 연습에 가는 게 나한테는 유일한 기쁨이다. 춤을 추는 동안은 아무 생각도 나지 않고 자유롭고 행복했다. 어떤 것에도 흥미도 없고 특출난 재능도 없던 나에게 춤은 "잘한다!", "멋지다!", "최고다!"라는 소리를 듣게 해 주었다. 나 역시도 춤을 출 때만큼은 스스로 좀 멋지고 괜찮은 사람 같다는 생각이 들었다. 그런데 고작 역사 시험 때문에 이 행복을 뺏길 수는 없었다.

그렇게 결국, 나는 할아버지를 따라 역사 탐방 교실에 다니게 됐다. 이번 주 역사 탐방지는 덕수궁이었다.

"아관 파천은 1896년 고종과 왕세자가 일제의 감시를 피해 러시아 공사관*으로 피신했던 사건입니다."

삼십 도가 넘는 7월의 무더위. 가만히 있어도 땀이 주르륵 흘렀다. 시끄럽게 울어 대는 매미 소리와 자동차 소음이 뒤섞여 할아버지의 목소리는 제대로 들리지도 않았다. 어차피 처음부터 들을 생각도 없었다. 그냥 시간만 때우다 집에 갈 계획이었다.

나는 주머니에서 블루투스 이어폰을 꺼냈다. 역사 탐방 교실에서 나눠 준 프린트물을 들고 있어서 거추장스러웠다. 프린트물에는 고종과 순종의 사진이 나란히 있었다. 둘 다 짧게 자른 머리에 화려한 메달과 배지 같은 게 주렁주렁 달린 서양식 군복을 입고 있었다. 내가 알고 있던 임금의 모습과는 사뭇 달랐다. 황제라면 용무늬 있는 황금색 곤룡포 같은 옷을 입어야 하는 거 아냐?

순종의 콧수염도 촌스럽게만 느껴졌다. 표정 없는 얼굴로 정면을 응시하고 있는 순종은 양쪽 끝이 위로 굽어 올라간 카이저 콧수염을 하고 있었다. 사극 드라마에서 주로 보던 임금의 풍성한 수염과는 사뭇 달랐다.

나는 종이를 대충 서너 번 접어서 바지 주머니에 아무렇게나 쑤셔 넣은 다음 스마트폰 화면을 켜고 음악 앱을 열었다. 재생 버튼을

✿ 공사관(公使館) : 공사(나라를 대표하는 외교 사절)가 파견되어 머무르며 일하는 곳

누르자 마이클 잭슨의 〈Black or White〉의 강한 드럼 비트가 귀를 타고 흘러들어 왔다. 가을에 열리는 댄스 경연 대회 연습 곡이라 요즘 하루에도 수십 번씩 듣는 노래였다.

눈을 감자 머릿속에서 마이클 잭슨이 춤을 추고 있는 영상이 그려졌다. 나는 맨 뒤에서 주변의 눈치를 살피며 조금씩 스텝을 밟았다. 꽉 막혔던 가슴이 뻥 뚫리는 기분이었다.

지금 당장 기적이 일어나서 연습실로 순간 이동 했으면 하는 생각이 간절했다. 그사이, 우리는 시청 앞 잔디 광장이 훤히 보이는 덕수궁 정문 앞에 도착했다.

'대한문(大漢門)'이라는 한자가 큼지막하게 쓰인 현판이 가장 먼저 눈에 들어왔다. 가장 현대적인 건물들이 즐비한 서울 한복판에 시간을 거스른 옛 궁궐 건물은 왠지 이상하고 생뚱맞아 보였다.

신호등 건너편에는 싱그러운 초록 잔디가 펼쳐진 광장 뒤로 오래된 석조 건물인 서울도서관, 즉 옛 서울 시청이 있었다. 그 뒤로 푸른 유리로 뒤덮인 시청 신청사가 우뚝 솟아 있었다. 햇빛에 반사된 현대식 시청 건물은 마치 거대한 파도가 되어 옛 시청을 집어삼키려는 듯 보였다. 과거와 현대의 완벽한 부조화였다.

할아버지의 안내에 따라 우리는 도심 한복판에

조용히 숨죽이고 있는 덕수궁으로 들어갔다. 더위 탓인지 궁 안에 관람객들은 많지 않았다. 그래도 궁 안 여기저기에 낡은 한복을 입고 상투를 틀거나 댕기 머리를 한 사람들이 삼삼오오 모여 있는 게 보였다. 아마도 사극 드라마나 영화를 찍는 것 같았다.

나는 맨 뒤에서 눈치를 살피다 슬그머니 무리에서 빠져나왔다. 조금만 더 밖에 있다가는 뜨거운 태양에 몸이 녹아 버릴 것 같았다. 한 시간 정도만 혼자서 자유 시간을 즐기다 다시 합류할 계획이었다.

일단은 이 더위를 피하는 게 급했다. 나는 눈앞에 보이는 전각* 안으로 무작정 들어갔다. 붉은 벽돌과 민트색 창문으로 된 독특한 디자인의 현대식 2층 건물이었다. 뒤쪽에 원뿔형 첨탑도 우뚝 솟아 있었다. 민트색 창틀 난간에는 커다란 꽃문양 장식들이 붙어 있었다. 왠지 조선 시대 건물이 아닌 중세 유럽의 어느 도시에 잘 어울릴 것처럼 이국적이었다.

"조선 왕궁이라더니 완전 동양과 서양, 과거와 미래가 짬뽕이 됐잖아. 무슨 짬짜면도 아니고."

내부는 훨씬 독특했다. 특이하게 1층 복도 바닥은 유리로 되어 있고, 유리를 통해 유적 발굴지 모습을 그대로 내려다볼 수 있었

❋ **전각(殿閣)** : 임금이 거처하는 집 또는 '전(殿)'이나 '각(閣)' 자가 붙은 큰 집을 이르는 말

다. 복도 양쪽에는 전시관이 있었고, 복도는 마치 호텔 로비처럼 현대적인 느낌이 강했다. 전시관 안쪽에 한복을 곱게 차려입은 금발의 외국인들도 있었다.

사람이 없는 곳을 찾아 2층으로 올라가니 붉은 벽돌과 민트색 커다란 창문이 길게 늘어선 복도가 눈앞에 펼쳐졌다. 창밖으로 햇살을 받아 반짝이는 기와지붕으로 된 전각과 저 멀리 우아한 석조 건물, 그리고 그 앞에 자리한 작은 연못도 보였다.

그러다 어느새 복도 끝에 다다랐다. 거기에는 눈에 잘 띄지 않는 작은 문이 하나 있었다. 나는 그 문을 살며시 밀었다. 끼이익. 요란한 소리와 함께 나무문이 열리며 쿰쿰한 냄새가 코로 훅 들어왔다. 오래되고 낡은 창고 같아 보이는 그곳에는 먼지가 자욱하게 내려앉은 낡은 장식장만 하나 덩그러니 놓여 있었다.

뜨거운 땡볕 아래서 걸어 다녔더니 다리도 아프고 피로감이 몰려왔다. 나는 그대로 바닥에 철퍼덕 주저앉아 음악의 볼륨을 높였다. 가만히 앉아서 음악을 듣다 보니 어제 저스트 댄스 연습 때 있었던 일이 생각났다.

요즘 저스트 댄스는 가을 댄스 경연 대회 준비로 눈코 뜰 새 없이 바빴다. 특히 올해는 내가 리더를 맡았기 때문에 그 어느 때보다 잘하고 싶었다. 또 춤추는 걸 철없는 아이들 장난쯤으로 가벼이 여기는 엄마에게도 당당하게 내 실력과 열정을 증명하고 싶었다. 그래서 친구들의 반대를 무릅쓰고 공연 곡도 내가 가장 좋아하는 마이클 잭슨 곡으로 밀어붙였다.

"최신 아이돌 댄스 곡으로 하자고. 요즘 마이클 잭슨을 누가 알아?"

"요즘 인기 있는 아이돌이 다 누구 때문에 존재하는데? 그 시초는 다 팝의 황제 마이클 잭슨이라고. 유행은 바뀌지만 레전드는 영원한 거야."

마이클 잭슨은 내 춤에 영감을 주는 영원한 우상이다. 곡 선정 때문에 투덜대는 친구들의 불만을 잠재우기 위해 안무도 혼자서 다 짜겠다고 큰소리를 뻥뻥 쳐 두었다. 하지만 잘해야 한다는 강박 때문인지 좀처럼 좋은 안무가 생각나지 않았다. 아이디어를 얻기 위해 유튜브에서 유명 댄스 팀들의 안무를 보고 또 봤다. 그렇게 새로운 안무가 완성됐다. 내 안무에 깜짝 놀랄 친구들을 생각하니 절로 웃음이 새어 나왔다.

떨리는 마음으로 친구들 앞에서 내가 만든 안무를 선보였다. 마지막 춤 동작과 함께 음악이 끝났을 때 친구들은 환호성을 터트리며 힘차게 박수를 쳤다.

"오우! 박지민, 멋지다. 우리 이 공연 하면 완전 대박 나겠는걸."

승빈이가 내게 엄지를 치켜들었다.

"그러게. 역시 마이클 잭슨 덕후답다. 잭슨 할아버지도 보면 박수 칠 듯."

"마지막 턴 동작 진짜 멋지더라. 끝내주던데."

나는 어깨에 잔뜩 힘이 들어갔다. 드디어 리더로서 내 실력을 증명한 것 같았다. 그런데 팔짱을 낀 채 말없이 지켜보던 성준이가 망설이듯 입을 열었다.

"그런데 이 동작들 어디서 본 것처럼 익숙하지 않아? 이거 진짜 네가 만든 거 맞아?"

나는 얼굴이 화끈거렸다. 무엇보다 지난 몇 주간의 노력이 길바닥에 나뒹구는 쓰레기 취급을 받는 것 같아서 더 화가 났다.

"뭐라고? 야! 이성준, 내가 표절이라도 했다는 거야?"

나는 당장이라도 싸울 기세로 덤볐다. 심장은 두근두근 당장이라도 터질 것 같았다.

"이번 댄스 경연 대회의 핵심은 창의성이잖아. 내 말은, 확실히 해야 한다고. 만약 공연이 다 끝나고 표절이라는 게 밝혀지면 더 망신이잖아. 네가 고생한 건 알겠는데 솔직히 어디서 많이 본 안무들이라서. 안 그래?"

성준이의 말에 친구들이 술렁이기 시작했다.

"그러니까 지금 네 말은 내가 춤 도둑질이라도 했다는 거야? 네 말에 책임질 수 있어?"

다른 친구들은 여전히 나와 성준이의 눈치를 살피며 웅성거렸다. 당연히 내 편을 들 거라고 생각했는데 아무도 나서지 않았다. 그런 친구들의 모습을 보니 더욱 분노가 치밀어 올랐다. 주먹을 불끈 쥔 두 손에 힘이 잔뜩 들어갔다. 나는 그대로 강당 문을 박차고 나와 버렸다.

하루가 지났는데도 아무도 나에게 연락하지 않았다. 다른 일도 아니고 내가 가장 좋아하는 춤에서 무시당한 것 같아서 더 화가 나고 열이 받았다. 나는 깊은 한숨을 내쉬었다.

그때 창문에 반사된 뜨거운 햇살이 얼굴 위로 쏟아졌다. 나도 모르게 절로 인상이 구겨졌다. 구석으로 자리를 옮기려는데 장식장 밑에서 무언가 반짝였다.

"뭐지?"

나는 가까이 다가가 바닥에 반쯤 엎드린 자세로 손을 쭉 뻗었다. 한참 동안 장식장 아래를 휘적거린 끝에 딱딱한 물건 하나를 끄집어냈다. 빛바랜 황금빛이 도는 회중시계였다.

"뭐야? 고물 시계잖아."

대충 손에 묻은 먼지를 털어 내고 회중시계에 쌓인 먼지를 향해 길게 후우 입김을 불었다. 시계에 쌓인 먼지가 흩날리며 공중으로 떠올랐다. 가느다란 먼지 입자들이 햇빛을 받아 반짝이며 춤추듯 떠돌았다. 내려앉은 먼지가 코끝에 닿자 에취! 하고 재채기가 났다.

먼지를 걷어 내자 회중시계 뚜껑에 새겨진 커다란 꽃문양이 모습을 드러냈다. 시계판에는 1부터 12까지 숫자가 새겨져 있고, 그 속에 작은 원이 하나 더 있어 10부터 60까지 숫자가 표시되어 있었다. 오래되고 낡긴 했지만 딱 봐도 비싸고 좋아 보였다. 시계 뚜껑 안쪽에는 뜻을 알 수 없는 한자가 새겨져 있었다.

古今一體 時門相連(고금일체 시문상련)

시계는 9시에 멈춰 있었다. 회중시계를 이리저리 흔들어 보았지만 아무런 움직임도 없었다. 나는 호기심에 회중시계의 태엽을 천천히 돌려 보았다.

찰칵, 찰칵, 찰칵. 회중시계의 태엽을 몇 바퀴 더 감았다. 그런데 갑자기 차가웠던 시계가 점점 뜨거워지더니 눈부신 하얀빛이 새어 나오기 시작했다. 그리고 그 순간 틱, 틱, 틱, 틱, 멈춰 있던 초침이

빙글빙글 미친 듯이 돌아가기 시작했다. 하얀빛이 폭발하듯 시계에서 뻗어 나왔다. 강렬한 빛줄기가 사방으로 퍼지며 주변의 공기마저 흔들리는 듯했다. 시계 안에서 낯선 음악 소리가 흘러나오는가 싶더니 강렬한 하얀빛이 내 얼굴로 한꺼번에 뿜어져 나왔다.

둥! 둥! 둥! 빠바밤! 삘리리리 두둥!

대한 제국의 황궁, 덕수궁

　서울특별시 중구 세종대로에 위치한 덕수궁은 조선 시대 궁궐 중 하나에요. 원래는 조선 제9대 왕 성종의 형인 월산대군이 살았어요. 그런데 1592년, 임진왜란 때문에 궁궐이 모두 사라지자 1593년부터 정릉동 행궁이라 불리며 임시 궁궐이 되었어요. 이후 경운궁으로 불리며 정식 궁궐이 되었다가, 창덕궁이 중건* 되며 별궁이 되었지요.

　그러던 1897년, 고종이 대한 제국을 선포하고 황제가 되며 경운궁은 대한 제국의 황궁*이 되었어요. 규모를 더 키우고 서양식 건물을 지어서 전통 건축물과 서양식 건축물이 조화를 이루게 되었지만 1904년에 큰 불이 나서 복구 공사를 하기도 했어요. 1907년에는 고종의 아들 순종이 즉위해 창덕궁으로 거처를 옮겼어요. 이때 왕에서 물러난 고종이 남은 경운궁의 이름을 '덕이 높고 오래 산다.'라는 뜻의 덕수궁으로 바꾸었지요. 1910년에는 서양식 건물인 석조전이 완공되었어요.

　일제 강점기, 일본은 덕수궁을 공원으로 만들기 위해 궁궐을 훼손했어요. 하지만 광복 이후 1946~1947년에는 석조전에서 우리나라의 임시 정부 수립을 논의하기 위한 미소공동위원회가 열리며 새로운 역사의 현장으로 기록되었지요. 덕수궁은 계속된 복원 공사를 통해 현재의 모습을 갖추게 되었어요.

덕수궁 : 대한 제국의 황궁이었던 덕수궁은 1963년 사적으로 지정되었어요.

❊ **중건(重建)** : 절이나 왕궁 등을 보수하거나 고쳐 지음.
❊ **황궁(皇宮)** : 황제의 궁궐

홍당무 아닌 광무?

"어이, 눈떠 봐. 죽은 것이냐?"

누군가 내 어깨를 툭툭 흔들었다. 잠깐 정신을 잃었던 걸까? 지진이라도 난 것처럼 세상이 빙글빙글 돌았다. 흐릿한 눈앞에 낡은 푸른색 한복을 입은 남자아이가 서 있었다. 내 또래쯤으로 보이는 남자아이는 손에 길고 가느다란 전통 악기 태평소를 쥐고 있었다.

"아무리 날이 더워도 그렇지, 이렇게 맨바닥에서 자다가는 담이 걸리고 말 게다."

내가 잤다고? 분명히 하얀빛 속에서 이상한 음악 소리를 들었던 것 같은데 그 이후로는 거짓말처럼 아무 기억도 나지 않았다. 나는 옷에 묻은 먼지를 툭툭 털어 내며 일어났다.

"고맙습니……."

아니지. 처음 본 녀석이 다짜고짜 나한테 반말을 하는데 나만 존댓말을 해야 해? 나보다 키도 작고 분명히 어려 보이는데 말이다. 그런데 여기가 어디지? 분명히 창고 안에 있었는데 차갑고 딱딱한 맨

바닥? 더구나 온몸이 누구한테 두들겨 맞은 것처럼 뻐근하고 아팠다. 서둘러 주변을 둘러보았다. 어느새 해가 넘어가고 있었다.

"아! 뭐야? 큰일 났네. 지금 몇 시야? 여긴 어디고? 분명히 건물 안에 있었는데?"

"지금 그걸 나한테 묻는 게냐? 어쨌든 지금은 유시*가 다 되었을 게다."

"에? 유씨? 아니 그런 성씨 말고 지금 몇 시냐고."

그 아이는 나를 이상하다는 듯이 쳐다봤다.

"분명히 대낮이었는데 언제 이렇게 됐어? 설마 내가 진짜 잔 건가? 할아버지는 나만 두고 간 거야? 휴, 엄마한테 또 한 소리 듣겠네."

나는 횡설수설하며 바지 주머니에서 스마트폰을 꺼냈다.

"이건 또 왜 이래? 설마 배터리가 다 된 거야? 에잇, 정말 되는 일이 하나도 없네."

스마트폰이 먹통이었다. 아무리 전원 버튼을 눌러 봐도 까만 화면뿐이었다. 내가 스마트폰을 계속 만지작거리자 그 아이가 신기하다는 듯이 스마트폰을 쳐다봤다.

"스마트폰 처음 보니? 왜 그래? 촌스럽게."

❋ 유시(酉時) : 오후 5시부터 7시까지의 시간

가뜩이나 스마트폰이 안 돼서 짜증 나는데 이상한 아이까지 걸리적거렸다. 낡은 한복을 입고 있는 것으로 보아 아무래도 아까 본 촬영 팀의 단역 배우인 것 같았다.

"미안한데, 대한문 쪽으로 가려면 어디로 가야 해? 시청 역이랑 연결된 문 있잖아. 그것보다 스마트폰 좀 잠깐 빌려주면 안 될까? 내 건 배터리가 다 된 것 같아서."

"뭔 폰? 그 네모난 건 무엇인데 계속 주물럭대는 것이냐?"

"야! 나 진짜 심각하거든. 넌 이 상황에 사극 찍냐? 스마트폰 빌려주기 싫으면 그냥 덕수궁 정문으로 가는 방향만 알려 줘."

짜증이 확 올라왔다. 사투리도 아닌 그 아이의 이상한 말투가 나를 놀리는 것 같아 기분이 더 나빴다.

"여긴 경운궁이다. 덕수궁이라는 궁이 있었나? 처음 듣는데……. 그나저나 그렇게 이상한 복장으로 돌아다니다가는 군인한테 잡혀가고 말 게다."

내 옷이 어때서? 이 옷이 얼마나 편한데? 우리 반 남자아이들 대부분이 입는 스포츠 브랜드 운동복인걸.

"경운궁? 난 분명히 덕수궁에 있었는데……."

슬슬 불안해지기 시작했다. 내가 몽유병이 있는 것도 아니고 어떻게 덕수궁에서 잠들었는데 경운궁에서 깰 수가 있는 거지? 잠든 사이에 공간 이동 초능력이라도 생긴 건가?

"여기 덕수궁 아니야? 나 좀 무서워지려고 하니까 장난치지 말고. 시청 광장 앞에 있는 거 맞잖아?"

"자꾸 똥딴지같은 소리만 하는구나. 여긴 황제 폐하가 계신 경운궁이다. 대한 제국의 궁궐이지. 나는 궁중 악대인 장악과 전정궁가 소속 취타 내취* 김윤이다. 그렇게 요상한 옷을 입은 넌 어디 소속이냐? 궁에 신식 광대패라도 들어온 건가?"

그 아이의 입에서 쏟아져 나오는 낯선 단어들에 머리가 지끈거렸다. 하지만 장난이라고 하기에는 너무 진지했다. 주위를 찬찬히 둘러보니 덕수궁을 포위하듯 에워싼 화려한 고층 빌딩들도 전혀 보이지 않았다. 갑자기 흑백 사진처럼 주변의 색깔이 모두 사라진 느낌이었다. 무언가가 잘못된 게 틀림없었다.

"에취인지 내취인지 모르겠는데 그러니까 음… 저기, 지금이 몇

❋ **취타 내취**(吹打 內吹) : 조선 후기 군악대에서 악기를 연주하던 사람

년도야?"

"지금 장난하는 거냐? 당연히 광무* 11년 정미년이 아니냐."

"광무? 당무? 홍당무 같은 거? 광무가 도대체 뭔데?"

머릿속이 하얘지고 입술이 바짝바짝 말랐다.

"이상한 아이구나. 한가하게 농이나 하는 걸 보니 괜찮은가 보군."

"그러니까 내가 타임머신을 타고 과거로 시간 여행이라도 왔다는 거야? 그게 가능해? 왜? 도대체 내가 왜? 하필 미래도 아니고 조선? 아니 대한 제국?"

김윤이라고 자신을 소개했던 아이는 나를 한심하다는 듯이 쳐다봤다. 마치 동물원 원숭이라도 된 기분이었다. 불안감에 손끝이 간질간질해졌다. 나는 엄지손톱을 잘근잘근 물어뜯으며 한 손을 주머니에 넣었다. 손끝에 아무렇게나 접혀 있는 종이 한 장과 딱딱하고 동그란 물건이 만져졌다.

설마 회중시계 때문에? 급하게 바지 주머니에서 회중시계를 꺼냈다. 시계는 여전히 9시에 멈춰 있었다. 아무리 흔들어도, 떨리는 손으로 태엽을 계속 돌려 보아도 시곗바늘은 움직이지 않았다.

"이건 아니지. 움직여, 움직이라고. 다시 움직여서 시간을 되돌려

❖ 광무(光武) : 고종이 대한 제국의 황제로 즉위한 해에 붙인 이름

놓으라고."

나는 시계를 거칠게 흔들었다. 제자리에서 발을 세게 구르면서 방방 뛰기도 했다. 어떻게 이런 일이 생길 수 있는지 생각할수록 황당했다. 김윤은 그런 나를 계속 힐끔거리며 저만치 앞서 걸어가고 있었다. 나는 그런 김윤을 뒤쫓아 가 사정했다.

"저기 그러니까 믿지 못하겠지만, 사실은 나도 아직 안 믿기는데 내가 미래에서 온 시간 여행자 같은 거란 말이야. 우아아악! 진짜 이게 가능한 거야? 어쨌든 나 좀 도와주면 안 될까?"

말하면서도 내가 도대체 무슨 말을 하고 있는지 헷갈렸다.

"안 된다. 나도 너 때문에 연습에 늦어서 지금 혼쭐이 날 참이다. 아무리 일본 놈들이 판치는 엉터리 세상이라지만 황제 폐하가 계시는 궁에 어떻게 이런 이상한 녀석이 들어온 거야?"

김윤은 단칼에 내 부탁을 거절하고는 걸음을 재촉했다. 날은 점점 저무는데 당황스럽기만 한 나는 주변에 뭐가 있는지 잘 구분이 되지 않았다.

그때 어딘가에서 철컥철컥하는 소리가 들렸다. 김윤이 말했던 군인이 아닐까 하고 덜컹 겁이 났다. 나는 무작정 김윤이 사라진 쪽을 향해 뛰었다. 내 발소리를 듣고 무시무시한 것이 따라올 것만 같은 공포가 밀려왔다. 지푸라기라도 잡는 심정이 이런 기분일까? 지금 내가 도움을 청할 수 있는 사람은 김윤뿐이었다.

"야! 김윤! 김윤 씨! 김윤 님! 거기 잠깐 서 보라니까. 같이 가자고."

얼마나 빠르게 뛰었는지 숨이 턱까지 차올랐다. 간신히 김윤을 뒤쫓아 간 나는 김윤의 어깨를 잡고는 거친 숨을 몰아쉬었다.

"헉헉. 무슨 애가 헉헉, 그렇게 걸음이 빠르냐. 잠깐만 서 보라니까."

어둠 속에서 내가 숨을 헐떡이며 어깨를 잡아채자 김윤이 소스라치게 놀랐다.

"제발 부탁이니 나 좀 도와주라. 믿지 못하겠지만 내가 여기 사람이 아니라서……."

나는 김윤을 잡고 거의 울먹이며 통사정을 했다.

"혹시 미국 선교사를 따라온 것이냐? 여기 사람 복장은 아닌데."

"선교사? 내가 종교가 없긴 한데 필요하면 당장은 그렇다고 해 두자. 제발 도와줘."

"그렇다면 선교사를 찾아가면 될 것이지 왜 날 귀찮게 하는 것이야. 이젠 정말 더는 따라오지 말거라."

김윤은 이내 표정이 변하더니 갑자기 뛰기 시작했다. 그 뒤를 나도 안간힘을 다해 쫓기 시작했다. 굶주린 맹수가 먹이 사냥을 하는 것처럼 쫓고 쫓기는 추격전이 계속됐다. 그렇게 얼마나 뛰었을까? 갑자기 김윤이 낡은 전각 앞에서 멈춰 섰다. 그러고는 누군가 쫓아오는지 확인하듯 주위를 두리번거리더니 문을 열고 들어갔다. 나는 모퉁이에 숨어서 그런 김윤을 지켜보았다.

대한 제국 황실 취타대

끼이익. 조용히 문을 열고 들어가려고 했던 내 계획과는 달리 문소리가 너무 컸다. 낡은 나무문을 열자 여럿의 시선들이 내게로 날아와 꽂혔다. 김윤과 같은 복장을 한 십여 명의 남자들은 대부분 손에 전통 악기를 하나씩 들고 있었다. 아무래도 풍물패 같아 보였다. 김윤은 한쪽 구석에서 고개를 푹 숙이며 애써 나를 외면했다.

"뭐여? 시방 쟈가 누군디 여길 들어왔다냐?"

어디선가 걸쭉한 사투리가 튀어나왔다. 나는 이 어색한 상황을 어떻게든 빠져나가고자 구석에 있는 김윤의 이름을 반갑게 불렀다.

"하이! 김윤, 나야. 김윤!"

"아따, 쟈가 윤이 친군갑네."

쇳소리가 섞인 듯 허스키한 목소리의 주인공은 까무잡잡한 얼굴 가득 수염이 덥수룩하게 나 있는 아저씨였다. 나는 억지웃음을 지으며 최대한 큰 목소리로 다시 김윤을 찾았다.

"안녕하세요? 저는 박지민입니다. 야! 김윤, 너 거기 있는 거 다 보여."

김윤은 어쩔 수 없다는 듯이 인상을 팍 쓰며 자리에서 일어났다.

"조금 전에 궁궐 안에 쓰러져 있던 걸 제가 발견했습니다. 머리를 다쳤는지 기억이 나지 않는다고 저를 쫓아와서는……. 서양 선교사를 따라왔다 길을 잃은 것 같습니다."

털보 아저씨가 내 옷이 신기한지 자꾸 쳐다봤다.

"그려? 선교사라면 헐버트 양반 말인가? 어린 것이 안되었구만. 근디 옷이 쪼까 요상허다이. 요즘 도성 안에서 유행한다는 신식 서양 옷인갑네."

꽹과리를 들고 있던 키가 작고 깡마른 아저씨가 나를 위아래로 훑으면서 말했다.

"아니여. 헐버트는 그 뭐시냐? 황제 폐하의 비밀 지령을 받아서 구라파(유럽) 헤이그인지 어디에서 열리는 무슨 평화 회의에 갔다가 일본 놈들한테 들켜서 즈그 나라로 쫓겨났다는 소문이 있던디."

이번에는 커다란 소라 껍데기 같은 악기를 든 아저씨가 말했다.

"한성에 어디 파란 눈의 선교사가 헐버트뿐이겠소. 딴 사람도 있겠지."

"그려? 그래서 어린 것이 서양 꼬부랑말을 잘했구먼. '하이'라면 나도 쪼까 알지. 양악대 에케르가 맨날 허는 인사 아니여. 아따 꼬맹아, 하이랑게. 허허허허."

털보 아저씨가 누런 이를 드러내며 호탕하게 웃었다. 턱과 뺨을 가득 덮은 수염이 웃음소리에 함께 흔들리고, 짙은 눈썹마저 들썩거렸다.

그때 무리에서 가장 나이가 많아 보이는 아저씨가 자리에서 일어나 내게 다가왔다. 얼굴이 호랑이상이었고 쉽게 다가가기 힘든 분위기가 느껴졌다. 목소리만으로도 압도당하는 기분이었다.

"궁 안에서 길을 잃었다고? 어째서 궁에 들어온 것이냐?"

나는 최대한 불쌍한 표정과 목소리로 둘러댔다. 호랑이 굴에 잡혀가도 정신만 바짝 차리면 살 수 있다는 속담처럼 살기 위해서는 기억 상실증 연기든 뭐든 해야 했다.

"그게 잘 기억이 안 나요. 제가 넘어지면서 머리를 다친 것 같은데… 저 좀 도와주시면 안 될까요?"

그 아저씨는 잠시 망설이는 듯하더니 김윤에게 말했다.

"윤아, 사정이 딱한 것 같으니 오늘은 네가 저 아이를 잘 돌보도록 하여라. 곧 무슨 연락이 오겠지."

"네, 어르신."

김윤은 마지못한 듯 고개를 끄덕이며 대답했다.

"집사 어르신, 누군지 알고 함부로 악실에 들인단 말입니까? 신원이 분명하지 않은데 여기 둬도 괜찮겠습니까? 요즘 도성 안에 일본 밀정* 놈들이 판을 친다고 합니다."

짧은 머리를 2 대 8 가르마로 반듯하게 빗어 넘긴 날카로운 눈매의 아저씨가 나를 스캔하듯 위아래로 훑었다. 딱히 죄지은 것도 없는데 저절로 몸이 움츠러들었다.

"길삼이, 아직 얼라 같은디 뭔 일이 있을라고. 형편이 딱해 보이는디 집사 어르신 말대로 하룻밤 재워 준다고 큰일이 나겄어?"

털보 아저씨였다. 조금 전까지만 해도 험상궂어 보이던 얼굴이 지금은 온화한 시골 아저씨처럼 푸근해 보이기까지 했다. 나는 얼른 넙죽 엎드려 절을 했다.

"고맙습니다. 고맙습니다."

"허허. 이 녀석 보소. 아주 거시기한 녀석이구먼. 허허허."

털보 아저씨가 허허 웃으며 내 등을 툭 쳤다. 등에서 찌르르 강한

* **밀정(密偵)** : 어떤 사실을 알아내기 위하여 남몰래 엿보거나 사정을 살피는 사람

진동이 느껴졌다. 엄청난 힘이었다. 하지만 나는 이를 악물고 애써 억지웃음을 지었다.

한바탕 요란한 신고식을 마친 뒤에 나는 김윤 옆에 껌딱지처럼 철썩 달라붙어 있었다. 어떻게든 김윤과 친해져야 한다. 다시 돌아가는 방법을 찾을 때까지는.

"너는 몇 살이야? 난 열두 살인데."

"길바닥에서 아무렇게나 잠을 자는 철부지길래 한참 어린 줄 알았더니… 나도 열두 살이다."

알고 보니 김윤도 나와 같은 열두 살이었다.

"우리 친구네! 어쩐지 처음 봤을 때부터 잘 통할 것 같았어. 난 박지민이라고 해."

낯선 나라에서 반가운 친구를 만난 것만 같았다. 사실 다른 사람들처럼 김윤도 오늘 처음 보기는 마찬가지인데 말이다.

"그런데 지금이 몇 년도라고?"

김윤은 한심하다는 듯이 나를 바라보았지만 툴툴거리면서도 대답은 곧잘 해 주었다.

"지금은 1907년 정미년이다. 여기는 대한 제국 황제 폐하가 계시는 경운궁이고."

황제라고? 내가 아는 임금은 태정태세문단세… 음, 한글을 창제

한 세종 대왕이 유일하다. 더구나 역사 30점을 자랑하는 역사 무식쟁이가 아닌가. 조선 역사상 가장 위대한 임금이라는 세종 대왕도 왕인데 황제라니? 더 높은 사람인가? 그렇게 유명한 사람이면 이름 정도는 들어 봤을 텐데 말이다. 그러고 보니 할아버지가 무슨 황제라고 말했던 것이 생각났다. 나는 바지 주머니에서 구깃구깃 접은 종이를 꺼내 고종의 사진을 가리켰다.

"이거, 이 사람이 지금 황제 맞아?"

김윤은 급히 내 입을 한 손으로 틀어막으며 주위를 살폈다.

"무슨 짓이냐? 황제 폐하보고 이거라니. 그리고 네가 어찌 어진*을 가지고 있는 게냐?"

"이 사람이 고종 황제라는 거지?"

"어허. 황제 폐하시다."

나는 주변을 살피며 종이를 다시 접어서 바지 주머니에 넣었다. 다행히 다들 악기를 조율하느라 내 말을 듣지 못한 것 같았다.

"이건 말이야… 아까 네가 말한 선교사가 줬어."

나는 선교사에게 받은 사진이라고 대충 거짓으로 둘러댔다.

"그런데 왜 조선이 아니고, 대한 제국이야?"

"넌 도대체가 어디서 온 것이냐? 황제 폐하가 십여 년 전에 명을

❋ 어진(御眞) : 임금의 얼굴을 그린 그림이나 사진

내려 국호를 조선에서 대한 제국으로 바꾸셨잖느냐."

나는 김윤의 말이 잘 이해되지 않았다.

"그래? 그러니까 네 말은 나라 이름을 바꿨다는 거네. 이름이 마음에 들지 않으면 개명하는 것처럼. 그런데 너도 그렇고 다들 왜 짧은 머리야? 조선이든 대한 제국이든 한복에 상투머리, 댕기 머리 같은 거 하지 않나? 드라마에서 보면 다 긴 머리던데?"

"단발령*이 내린 지가 언제인데. 을미년에 임금이 먼저 손수 머리카락을 잘랐는데 백성들이 무슨 힘이 있다고……. 지금은 일본군이 궁 안에까지 들어와서 황제를 겁박하고 있고. 말만 대한 제국이지 왜놈들이 판치는 왜놈 제국이다."

김윤은 깊은 한숨을 내쉬며 태평소를 거칠게 닦았다.

"아, 이때부터 일본이……. 나쁜 놈들. 그런데 삼일 운동이랑 광복… 그러니까 조선은 독립하게 될 거야."

내가 아무리 역사를 잘 모르긴 하지만 삼일 운동과 광복절은 알았다.

"삼일 운동? 점점 알 수 없는 말들만 하는구나. 아직도 머리가 아픈 거냐?"

"아니다. 미리 안다고 달라질 것 같지도 않고 또 안타깝게도 자

❋ 단발령(斷髮令) : 1895년 11월에 고종이 상투 풍속을 없애고 머리를 짧게 깎도록 한 명령

세히 설명해 줄 만큼 내가 아는 역사 지식이 없다. 이럴 줄 알았으면 진즉에 역사 공부 좀 하는 건데."

나는 분위기를 바꾸려고 서둘러 다른 질문을 했다.

"그건 그렇고 여긴 뭐 하는 곳이야?"

"아까도 말하지 않았느냐? 장악과 전정궁가 소속 취타 내취 악실이다. 황제의 행진 때 대취타를 연주하는 취타대의 연습실 말이다."

"그러니까 엄청 길고 복잡하긴 한데 대충 취타대라는 거네. 그 전통 악기 연주하는 풍물패 같은 거? 넌 태평소 연주자고?"

취타대는 나에게도 익숙한 이름이었다. 할아버지가 종로구 청춘 취타대 소속 태평소 연주자이기 때문이었다. 할아버지는 또래 할아버지 할머니들과 모여서 만든 전통 악기 연주 동아리 청춘 취타대에서 활동 중이었다. 그런데 올가을 종로에서 열리는 문화 축제에 청춘 취타대가 참여하게 됐다고 했다. 할아버지는 집에서도 시도 때도 없이 태평소를 불었다. 어느 날은 내 머릿속에 뻴릴리 태평소 소리가 하루 종일 떠나지 않고 맴돈 적도 있었다. 뻴릴리 저주에라도 걸린 것 같았다. 그것 때문에 공부해야 하는데 시끄럽다고 할아버지에게 짜증도 많이 냈다. 실제로는 공부가 아닌 게임을 하는 중이었는데 말이다.

김윤은 어이가 없다는 듯이 나를 한 번 째려보았다.

"풍물패라니? 우리는 황실이나 조정의 공식 행사나 행차 때마다 대열의 맨 앞에서 대취타를 연주하는 황실 소속의 취타 내취다. 단순한 풍물패와는 완전히 급이 다르지. 그리고 내가 부는 악기는 호적이다."

김윤은 고개를 절레절레 저으며 황당하다는 표정을 지었다.

"치. 잘난 척은. 그래 그거, 호적인지 호떡인지 딱 보니 태평소네. 내가 그 정도는 알거든. 우리는 그걸 태평소라고 부른단다. 그건 그렇고, 저기 나이 많으신 분이 너희 팀 리더야? 보니까 포스가 장난이 아니던데?"

"리더? 포스? 그게 무엇이냐?"

취타대를 소개하며 잘난 척하던 김윤은 영어가 나오자 고개를 갸웃거렸다.

"일단 리더는 대장 같은 거야. 그리고 포스는 강력한 에너지와 카리스마를 뿜어내는 거? 아니 강력한 기운과 분위기 같은 거라고 해야 하나?"

"에너지와 카리스마가 뭔지는 몰라도 저분은 우리 황실 취타대를 이끌고 계신 황 집사 어르신이다."

"역시 어쩐지 풍기는 기운이 남다르다 했어. 그런데 여기 사람들은 다 나이가 들어 보이는데 왜 너만 어려?"

"음, 그거야 내가 실력이 워낙 출중해서 특별히 뽑히게 되었다."

김윤은 궁중 음악가 집안에서 태어나 여덟 살부터 태평소를 배웠다고 했다. 천부적인 재능을 타고나 그 실력을 인정받아 황실 취타대의 최연소 연주가로 뽑혔다고 했다. 나는 김윤이 허풍을 떤다고 생각해 한 귀로 듣고 한 귀로 흘려버렸다.

"아무래도 옷을 갈아입는 게 좋겠다. 그런 이상한 복장을 하고 돌아다니다가는 봉변을 당할 수도 있을 테니."

김윤은 나에게 연습실에 있던 옷을 하나 건네주었다. 입고 있던 운동복은 가지런히 개서 연습실 나무 상자 위에 올려놓았다. 옷을 갈아입으니 비로소 과거로 왔다는 게 실감이 났다. 왠지 헛헛한 마음에 개켜 놓은 옷을 한 번 어루만졌다. 주머니에서 딱딱한 게 만져졌다. 아! 시계! 나는 회중시계만 꺼내 따로 챙겼다. 언제든 다시 돌아가기 위해서는 이 시계가 필요할 테니까.

황실 취타대는 한참 동안 연습을 계속했다. 나는 조용히 구석에 앉아서 이들의 연습을 지켜보았다. 피아노나 기타, 드럼 같은 서양 악기 연주에 익숙한 나에게는 낯선 음들이었다.

황 집사 어르신이 무언가 외치자 털보 아저씨가 징을 한 번 크게 쳤다. 이어서 2 대 8 가르마를 한 아저씨가 화려한 용 그림이 그려

진 북처럼 생긴 용고의 변죽(가장자리)을 따닥 따닥 따닥 세 번 쳤다. 그러자 아홉 명의 취타대 연주자들이 일제히 연주를 시작했다. 김윤이 입술을 태평소에 가져다 대자 짙은 구릿빛 관악기에서 소리가 터져 나왔다. 푸우우 빠빠빠 빠 삘릴리리. 웅장하고도 날카로운 음이 공기를 가르며 퍼져 나갔다.

끼낑 껑껑, 삘리릴리, 징징, 부우우우, 깨깽깽깽 깽깽, 칭칭칭칭⋯ 여러 가지 전통 악기들이 각자 소리를 내면서 하나의 큰 음악을 만들어 냈다. 웅장하면서도 경쾌한 행진곡 느낌이었다. 용고와 태평소뿐만 아니라 꽹과리, 징, 북, 장구 같은 익숙한 악기들도 있었다. 또 심벌즈처럼 생긴 자바라, 커다란 소라 껍데기처럼 생긴 나각, 축구 경기 응원할 때 쓰는 부부젤라처럼 생긴 나발도 있었다. 모두 할아버지 덕에 알게 된 악기들이었다.

나는 잠시 넋을 놓고 연주를 감상했다. 본인 입으로 천재라고 하더니 정말 김윤의 태평소 소리가 취타대 모든 소리를 이끌며 앞으로 행진하듯 나아가는 것 같았다.

그런데 음악 소리가 어디서 들어 본 듯 익숙했다. 할아버지 때문인가? 분명히 어디서 들었는데⋯⋯. 전통 음악은 다 비슷비슷한 건지 궁금했다.

그나저나 왜 이렇게 졸린지, 이 시끄러운 와중에도 긴장이 풀렸는지 갑자기 잠이 쏟아졌다. 하아암. 하품이 연거푸 나왔다. 누군가 눈꺼풀을 밑에서 잡아당기는 것처럼 자꾸 눈이 감겼다. 제발 이 모든 게 꿈이길 빌었다. 꿈에서 깨면 아무 일도 없던 것처럼 대한민국 서울에 있을 것이다. 갑자기 사라졌다며 할아버지에게 잔소리를 듣고 있겠지. 그렇게 나는 잠에 빠져들었다.

왕실의 위엄을 연주하다, 취타대

취타대는 조선 시대(대한 제국)에 왕(황제)이 행차할 때 또는 중요한 왕실(황실) 행사가 있을 때 악기를 연주하는 사람들이었어요. 취는 불고[吹] 타는 친다[打]는 뜻이에요. 즉 취타대는 관악기를 불고, 타악기를 두드리며 연주하는 음악대를 말하지요.

취타대는 군악대로서 근사한 복장과 단합된 연주 실력으로 위엄을 나타냈어요. 사람들은 취타대의 음악 소리와 큰 깃발 덕분에 멀리서도 왕의 행차와 웅장한 분위기를 알 수 있었지요. 취타대 연주자들은 공작 깃털을 꽂은 전립*을 쓰고 황색 철릭*을 입고 남색 허리띠를 둘렀어요.

1897년, 고종이 대한 제국을 선포하면서 서양식 군악대가 생겼어요. 이후 취타대와 서양 군악대의 합주가 이루어지기도 했지만 1910년, 일제 강점기가 시작되며 취타대는 사라졌어요. 하지만 오늘날에도 취타대의 전통은 이어지고 있어요. 우리에게도 익숙한 〈대취타(무령지곡)〉는 왕이 행차하거나 군대가 행진할 때 대규모로 연주하는 것을 말해요. 유일하게 가락을 연주하는 태평소(호적), 소라 껍데기 같은 나각(소라), 부부젤라 같은 나발, 심벌즈 같은 자바라(제금), 북의 일종인 용고, 징 등 악기가 사용되지요. 경복궁, 덕수궁 등 궁궐의 수문장* 교대식 때 연주하는 음악이 바로〈대취타〉에요.

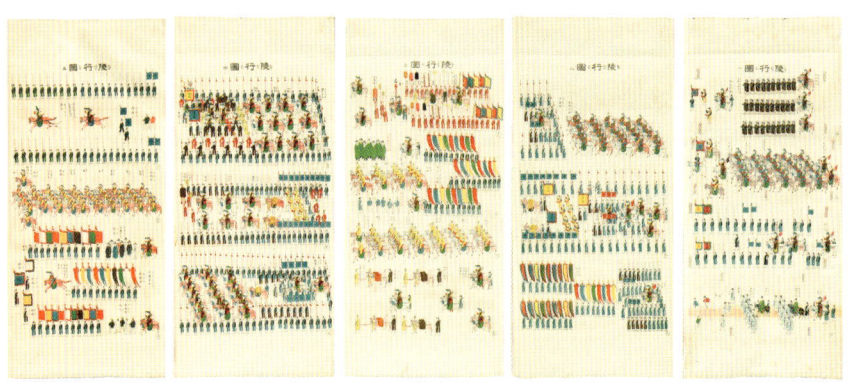

〈지본인쇄 조선열성조능행도〉일부분 : 조선 시대에 왕의 행차 때 연주하는 취타대의 모습이에요.

❋ **전립(戰笠)** : 조선 시대에 무관이 쓰던 모자의 하나
❋ **철릭** : 무관이 입던 제복
❋ **수문장(守門將)** : 각 궁궐이나 성의 문을 지키던 무관 벼슬

달을 닮은 아이

"안 돼! 안 돼! 가지 마!"

"야! 박지민! 일어나!"

눈을 뜨니 김윤이 내 어깨를 사정없이 흔들고 있었다. 대한 제국으로 타임 슬립 한 게 꿈이길 바랐는데…….

"이제 숙소로 돌아가야 해. 다른 사람들은 벌써 갔단 말이다."

김윤은 아직 잠에서 다 깨지 못한 나에게 서두르라고 재촉했다. 나는 비몽사몽으로 김윤을 따라나섰다.

"그런데 숙소가 어디야? 이 근처야?"

"여기서 얼마 안 가 경운궁 외곽에 장악과 악공*들 숙소가 있다.

밤에는 무슨 일이 생길지도 모르니 서둘러 가야 하는데 너 때문에 늦었단 말이다."

"그럼 진작에 좀 깨우든가. 왜 지금까지 가만히 있다가 서두르는데."

그러자 김윤이 도끼눈을 하고 나를 흘겨보았다. 나는 입을 삐죽거리며 입술을 지퍼로 닫는 시늉을 했다.

덕수궁의 밤은 내가 낮에 봤던 풍경과는 사뭇 달랐다. 전각마다 힘이 빠진 듯 위태로워 보이는 전깃불들이 어둠이 삼킨 덕수궁을 지키고 있었다. 은은한 불빛들은 묘하게 신비로운 느낌마저 들었지만 화려한 도시의 불빛에 익숙한 나는 적응이 쉽지 않았다. 어두운 하늘 아래 궁궐의 처마는 은은한 달빛을 머금고 있었다.

김윤과 나는 밤 고양이처럼 최대한 소리 내지 않고 성문을 향해 걸어갔다. 그때 골목 모퉁이에서 작은 비명 소리가 들려왔다.

"꺄악!"

밤의 고요함을 깨는 날카로운 비명 소리에 우리는 동시에 서로의 얼굴을 바라보았다. 너무 놀라서 온몸의 털이 쭈뼛쭈뼛 서는 느낌이었다.

"너도 들었어?"

❋ **악공(樂工)** : 궁궐의 음악 연주를 맡아 하던 사람

"쉿! 조용히 해."

김윤은 내 말을 끊으며 소리가 난 골목으로 조심스레 발걸음을 옮겼다.

"야, 그냥 가자. 무섭단 말이야. 도둑고양이였나 보지. 우리 엄마가 원래 밤에 고양이 울음소리가 사람 소리랑 똑같다고 했어."

나는 김윤의 옷자락을 세게 잡아당겼다. 하지만 김윤은 내 손을 뿌리치며 살금살금 소리가 났던 골목으로 다가갔다. 어쩔 수 없이 나도 그 뒤를 바짝 쫓았다. 골목 끝자락 돌담 아래에는 여자 두 명이 땅바닥에 주저앉아 있었다. 멀리서 봐도 잔뜩 겁에 질린 듯 그림자가 바들바들 떨고 있었다. 그 앞에는 커다란 두 개의 검은 그림자가 여자들을 집어삼킬 듯이 버티고 서 있었다.

"가만히 있어. 이런 앙큼한 계집 같으니. 호호호."

바닥에 주저앉은 두 여자는 고개를 푹 숙인 채 두 손을 싹싹 빌었다.

"살려 주세요. 살려 주세요."

"이봐, 조선인. 살고 싶으면 가만히 있어라. 그럼 죽이지는 않을 것이다. 호호호."

"타카시, 누가 오기 전에 빨리 해치우자고."

검은 그림자의 정체는 일본 군인들이었다. 멀리서 봐도 여자들을 괴롭히는 양아치들처럼 보였다. 순간 가슴 깊은 곳에서부터 뜨거운 불기둥 같은 게 올라왔다. 분명히 손발은 두려움에 덜덜 떨고 있었는데 머리와 가슴은 불이 난 것처럼 뜨거웠다.

"저런 나쁜 새끼들!"

나도 모르게 발걸음이 앞으로 나갔다. 이번에는 김윤이 깜짝 놀라서 내 어깨를 붙잡으며 속삭였다.

"뭐 하는 게야? 죽고 싶은 거냐?"

"저거 일본군이 힘없는 여자를 괴롭히는 거잖아. 딱 봐도 그림이 그렇잖아."

"그건 나도 안다. 그리고 그들이 괴롭히는 건 궁녀들이고……."

"궁녀? 맞다, 여긴 황제가 있는 궁 안이었지. 그런데 일본 군인들이 저렇게 버젓이 황제의 궁 안에서 사람들을 괴롭혀도 되는 거야?"

"이게 다 힘없는 나라의 백성들이 겪는 설움이겠지. 그리고 저들이 허리춤에 차고 있는 칼 안 보이냐? 이대로 무작정 나섰다가는 다 죽는단 말이다."

"그럼 경찰에 신고해야지. 빨리 신고하러 가자. 어?"

"누구한테 신고한단 말이냐. 저들이 바로 경찰 위에 있는 일본군이다. 황제도 서슴없이 겁박하는 자들이 우리나라 경찰을 두려워할까?"

김윤은 두 주먹을 불끈 쥐고 어깨를 파르르 떨었다. 하지만 나는 선뜻 이해가 되지 않았다. 여긴 동네 시장 뒷골목이 아니다. 다른 곳도 아니고 황제가 사는 궁이다. 어떻게 일본 군인들이 저렇게 깡패처럼 마음대로 활개 치고 다닐 수가 있지?

"저대로 두면 궁녀들이 위험하잖아. 뭐라도 해야지!"

하지만 말과는 다르게 할 수 있는 게 아무것도 없었다. 그냥 숨어서 노려보는 것밖에는.

"으아악, 살려 주세요."

궁녀가 몸을 덜덜 떨면서 흐느꼈다. 하지만 커다란 검은 그림자는 계속해서 겁을 줬다. 가만히 보고 있으려니 숨이 턱턱 막혀 왔다. 나는 생각할 겨를도 없이 바닥에서 돌멩이 하나를 집어 들었다.

"야, 내가 하나 둘 셋 하면 있는 힘껏 도망치는 거다. 알았지?"

"무슨 짓을 하려는 거야?"

나는 손에 쥔 돌멩이를 김윤에게 보여 주며 씩 웃었다. 그동안 가만히 있으라고 잔소리를 하던 김윤도 서둘러 돌멩이를 찾아 집어 들었다. 김윤을 만나고 처음으로 마음이 통하는 순간이었다.

"하나, 둘, 셋!"

우리는 일본 군인을 향해 있는 힘껏 돌멩이를 던졌다. 내가 던진 돌멩이가 일본 군인의 머리를 정확하게 맞혔다. 김윤이 던진 돌은 다른 일본군의 등을 강타했다.

"아얏! 난다요(何だよ, 뭐야)? 거기 누구냐?"

화가 잔뜩 난 일본 군인들이 우리 쪽으로 걸어왔다. 우리는 누가 먼저랄 것도 없이 어둠 속으로 힘껏 뛰기 시작했다. 나는 도망치면서 궁녀들을 향해 소리쳤다.

"지금이야! 도망쳐!"

성난 황소 같은 일본 군인들의 발자국 소리가 바로 뒤에서 쫓아왔다. 숨이 턱까지 차올랐지만 우리는 멈추지 않았다. 하지만 일본 군인들도 멈추지 않았다. 김윤과 나는 궁궐 안을 수없이 돌고 또 돌았다. 똑같은 전각을 서너 번쯤 반복해서 돌고 있을 때, 한 전각에서 나무문이 끼익 열리더니 누군가 우리를 향해 속삭였다.

"저기, 여기에요. 이쪽으로."

우리는 서둘러 문 안으로 몸을 숨겼다. 그곳에는 궁녀 한 명이 숨어 있었다. 곧이어 누군가 뛰어가는 소리가 들렸다. 허리춤에 차고 있던 칼이 부딪치는 소리가 챙챙 어둠을 갈랐다. 그 소리에 온몸에 소름이 돋았다. 비로소 내가 한 짓이 얼마나 위험한 짓이었는지 실감 나기 시작했다.

"헥헥, 고맙소."

김윤은 숨을 헐떡이며 궁녀에게 감사 인사를 전했다.

"아닙니다. 제가 더 고맙지요."

뭐가 고맙다는 거지? 나는 거친 숨을 몰아쉬며 궁녀의 얼굴을 빤히 바라보았다.

"조금 전에 구해 주신 궁녀가 바로 저랍니다. 감사 인사는 제가 해야지요. 처소*로 도망치다 걱정이 되어서 여기서 숨어 지켜보고 있었어요."

"아! 무사해서 다행입니다. 어디 다친 데는 없습니까?"

갑자기 어른처럼 말하는 김윤의 말투가 웃겨서 순간 '푸훗' 하고 웃음이 터져 나왔다. 내가 웃자 궁녀도 반달 같은 눈웃음을 지어 보였다. 보기만 해도 기분이 좋아지는 웃음이었다.

"나는 황태자 전하* 처소의 지밀나인* 순이라고 해요. 도와줘서 정말 고마웠어요."

김윤은 도망 다니느라 힘들었는지 얼굴이 벌건 채로 이름을 말했다.

"나는 장악과 취타 내취 김윤이오."

"나는 박지민. 저기 대한민국에서 온……."

❋ **처소(處所)** : 사람이 살거나 임시로 머무는 곳
❋ **전하(殿下)** : 대한 제국 때 황태자와 황후, 황족 등을 높여 이르거나 부르던 말
❋ **지밀(至密)나인** : 왕족의 가장 가까운 곁에서 일하던 궁녀

대한민국을 말할 때 최대한 작은 소리로 얼버무렸다. 순이라는 궁녀는 벚꽃처럼 환하게 웃었다.

"아! 장악과 악공들이시군요."

밖에서는 한참 동안 누군가의 분노 섞인 발소리가 어둠을 깨우고 있었다.

"쥐새끼 같은 놈들, 어디로 숨은 거야? 가만두지 않겠어."

우리는 그 소리가 들리지 않을 때까지 숨죽이며 기다렸다. 얼마나 지났을까? 나무 문틈 사이로 달빛이 쪼개져 들어왔다. 하얀 달빛에 순이의 얼굴이 뚜렷하게 보였다. 하얗고 동그란 달을 닮은 얼굴이었다.

사라진 시계

"야, 빨리 일어나."

김윤이 내 어깨를 거칠게 흔들어 깨웠다.

"아아, 조금만 더 잘게요. 방학이잖아."

"무슨 헛소리야. 벌써 해가 중천에 떴다고. 빨리 일어나라."

나는 잠결에 엄마 목소리가 아닌 낯선 남자의 목소리에 화들짝 놀라서 깼다. 김윤이었다.

"아! 아직도 여기네……."

슬프게도 꿈이 아니었다. 어젯밤에 있었던 추격전 때문인지 침대가 아닌 맨바닥에서 자서인지 온몸이 쑤시고 아팠다.

"그런데 다들 어디 갔어? 어젯밤에 들어올 때는 다들 자고 있었던 것 같은데……."

"'당연히 벌써 연습하러 갔겠지.' 하는 생각은 안 드는 게냐? 이제 연주하는 날까지 며칠 안 남았는데 말이다."

"연주? 무슨 연주?"

"곧 황제 폐하가 황태자 전하에게 황제의 권한을 대신하게 하는 황태자 대리청정* 진하의가 있지 않느냐."

"뭐가 있다고?"

"황태자 전하의 대리청정을 축하하는 의식, 황태자 대리청정 진하의 말이다."

"여기 말은 다 무슨 암호들 같네. 어쨌든 아들에게 황제의 권한을 물려준다는 거지? 그럼 대통령 취임식 같은 거겠네. 근데 거기서 너도 연주해?"

"궁중에서 열리는 큰 행사니까 당연히 장악과 소속 전정궁가 악공들이 참여해야지. 우리 취타대도 함께 참여할 것이다. 그런 중요한 행사 연습에 누구 때문에 늦었다는 생각은 안 드는 게냐?"

"나 때문에? 왜? 내가 걱정돼서 못 간 거야? 내가 애도 아니고 혼자 있어도 괜찮은데……."

❖ **대리청정(代理聽政)** : 황제가 나랏일을 제대로 돌볼 수 없게 되었을 때 태자가 황제 대신 나랏일을 돌보는 일

나는 머리를 긁적이며 김윤을 보고 해맑게 웃었다.

"이상한 소리 하지 말고 빨리 서둘러라."

나는 그제야 눈곱을 대충 떼고 주위를 살펴보았다. 작은 방 안에는 짐들이 여기저기 놓여 있었다. 생각보다 더 좁았다. 서울이 아닌 다른 곳에서 하룻밤을 보냈다는 게 비로소 실감이 났다.

한편으로는 얼마나 시간이 지난 건지 정확하게 알 수 없어서 불안했다. 내가 있던 곳에서도 하루가 지난 걸까? 할아버지랑 부모님이 걱정하실 텐데. 실종 신고노 했을까? 생각할수록 머리가 지끈지끈 아팠다. 그런데 이런 말도 안 되는 상황에서도 배꼽시계는 정확하게 신호를 보내왔다. 꼬르륵 꼬르륵. 생각해 보니 이곳에 와서 한 끼도 못 먹었다. 금강산도 식후경이라고 먹어야 한다. 다시 집으로 돌아가기 위해서는 어떻게든 잘 먹고 버텨야 한다.

"근데 뭐 먹을 것 좀 없냐? 배고픈데."

김윤은 방 한쪽 구석에 있던 바구니를 건네주었다. 그 속에는 감자와 주먹밥이 담겨 있었다.

"빨리 먹어라. 이러다 정말 연습에 늦는단 말이다."

"이게 뭐야? 주먹밥이랑 감자? 빵이나 시리얼은 없어? 아니면 계란프라이라도?"

"시리얼? 이것밖에 없으니 먹기 싫으면 먹지 마라."

김윤은 바구니를 다시 가져가려고 했다.

"아냐, 아냐, 누가 안 먹는대. 먹는다고 먹어. 어젯밤부터 아무것도 못 먹어서 배꼽시계가 밥 내놓으라고 아우성이다."

나는 손사래를 치며 주먹밥을 하나 집어서 크게 베어 물었다. 차갑게 식은 퍽퍽한 밥 한 덩어리가 목에 탁 걸렸다. 컥컥거리며 오른손으로 가슴을 두어 번 세게 쳤다. 하지만 이거라도 감사히 먹어야 했다. 집으로 돌아가는 방법을 찾을 때까지는 이 낯선 곳에서 어떻게든 버텨야 했다.

"이제 나가자. 정말 늦는단 말이다."

김윤은 다시금 나를 재촉했다.

"야, 정말 너무하네. 먹을 때는 개도 안 건드린다는 속담도 모르냐? 내가 개만도 못해?"

하지만 김윤은 내 말을 귓등으로 들었는지 벌써 방문을 열고 나갈 채비를 하고 있었다. 나는 얼른 감자를 하나 집어 들고 김윤을 따라나섰다. 그런데 방문을 채 닫기도 전에 갑자기 배에서 우르르 쾅쾅 천둥 번개가 쳤다. 그러고 보니 이곳에 와서 한 번도 화장실을 가지 못했다. 화장실을 갈 만큼 변변히 먹은 것도 없었지만.

나는 엉덩이에 힘을 빡 주고 입술을 꽉 깨물었다. 다리를 배배 꼬고 한 손으로는 엉덩이를 부여잡고 김윤에게 다급하게 물었다.

"저기! 김윤, 나 화장실이 급한데 화장실이 어디야? 빨리빨리! 윽!"

김윤은 어이없다는 표정으로 나를 노려보았다.

"진짜야. 나 급똥 마렵다고! 똥이… 윽! 화장실 어디야? 제발!"

나는 애원하듯 한 손으로 김윤의 어깨를 잡고 매달렸다. 한마디라도 더 하면 금방이라도 바지에 실수할 것만 같았다. 김윤은 나를 숙소 옆쪽에 있는 작고 허름한 나무문 앞으로 데려갔다.

"여기? 땡큐."

나는 뒤도 돌아보지 않고 서둘러 문을 열고 뛰어 들어갔다. 그곳은 마치 휴게소 공중화장실처럼 판자로 된 예닐곱 개의 나무 칸막이가 나란히 서 있었다. 나는 가장 먼저 보이는 문을 벌컥 열고 안으로 들어갔다. 그런데 화장실 변기는 보이지 않고 네모난 구멍이 뻥 뚫린 나무판자만 덩그러니 놓여 있었다.

"야! 뭐야? 궁궐 화장실이 왜 이래? 무슨 시골 화장실도 아니고 말로만 듣던 푸세식 화장실이야?"

나는 문밖을 향해 다급하게 소리쳤다. 그 순간에도 배 속에서는 계속 폭풍우가 몰아쳤다.

"뒷간에 데려다줘도 난리냐? 뒤처리나 잘해라."

나는 하는 수 없이 손가락으로 코를 막고 숨을 참은 채 나무판자 위로 올라섰다. 상상할 수 없는 공간에 정신이 아찔했다. 밑을 살짝 내려다보니 물이 출렁이고 있었다. 금방이라도 무언가가 불쑥 튀어나올 것만 같아 정신이 아찔했다. 하지만 지금 급한 건 배 속에서 난리 치는 것들을 밀어내는 것이었다. 나는 엉덩이를 살짝 치켜든 엉거주춤한 자세로 앉아 배에 힘을 주었다. 엉덩이에서 한바탕 천둥 번개가 내리치고, 내 몸에서 빠져나간 커다란 덩어리가 풍덩! 하고 물속으로 빠졌다.

"앗, 차가워!"

똥 덩어리가 떨어지면서 똥통에 있던 물이 내 엉덩이로 튀었다.

"아! 진짜 이게 뭐야? 더러워 정말."

이 공간에서 빨리 탈출하고 싶었다. 그런데 아무리 찾아도 휴지가 보이지 않았다.

"물티슈도 없고, 휴지도 없고, 도대체 뭘로 닦으라는 거야? 야!

김윤! 똥 다 싸고 똥꼬는 뭘로 닦아?"

나는 정말이지 울고 싶었다. 과거로 타임 슬립 했다는 걸 알았을 때도 눈물은 나오지 않았다. 그런데 상상을 초월하는 화장실에서는 정말 주저앉아 통곡이라도 하고 싶은 심정이었다.

"진짜 몰라서 묻는 게냐? 거기 앞에 새끼줄이랑 나뭇잎이 있지 않느냐? 그걸로 닦으면 되지 별걸 다 물어보는구나."

"정말 이걸로 닦으라고? 물티슈가 없으면 종이라도 줘야지. 도대체 이걸로 어떻게 닦으라는 거야? 이거 진짜 닦이는 거 맞아? 아이 씨. 이걸로 닦다간 엉덩이 다 쓸릴 것 같은데?"

너무 오래 쪼그려 앉아 있어서인지 다리가 저릿저릿 쥐가 나는 듯했다. 어쩔 수 없이 떨리는 손으로 나뭇잎을 몇 개 집은 뒤 최대한 두껍게 층층이 쌓았다. 손이 파르르 떨렸다. 하지만 선택의 여지가 없었다. 하루라도 빨리 내가 왔던 곳으로 돌아가야 할 이유가 한 가지 더 생겼다.

하얗게 질린 얼굴로 화장실에서 나오는 나를 보더니 김윤이 한숨을 푹 내쉬었다.

"뒷간을 너처럼 요란하게 가는 사람은 내 태어나서 처음 본다. 이제 진짜 가야 하니 서둘러라."

아침에 보는 궁궐의 풍경은 어제와는 또 달랐다. 어제는 정신없고 어두워서 잘 몰랐는데 생각보다 화려하고 건물도 많았다. 붉은 단청이 칠해진 전각들은 빛을 받아 더욱 선명한 색을 드러냈다. 돌담길을 따라 심어진 고목들의 나뭇잎이 사각이며 바람에 흔들렸다. 그런데 어제 타임 슬립 하기 전 덕수궁에서 봤던 낯익은 건물들이 눈에 들어왔다.

"이상하다. 아무리 봐도 덕수궁인데……. 김윤, 원래 궁궐은 다 비슷비슷하냐? 이상하게 덕수궁에서 본 건물들처럼 보이네."

"여긴 경운궁이래도 왜 자꾸 덕수궁이라고 하는 것이냐?"

김윤은 시큰둥하게 대답하면서 잰걸음으로 취타대 연습실로 향했다.

나는 다시 현대로 돌아갈 실마리라도 찾길 바라는 마음에 주변을 계속 두리번거렸다. 지금까지 단서는 회중시계가 전부였다. 나는 회중시계를 확인하기 위해 허리춤에 묶어 뒀던 주머니에 손을 넣었다. 그런데 어찌 된 일인지 주머니에서 아무것도 만져지지 않았다.

"어? 이상하다……. 어디 갔지?"

나는 그 자리에 얼어붙은 채 다시 한번 주머니를 샅샅이 뒤졌다. 그런 나를 김윤이 빤히 쳐다보며 물었다.

"왜 또? 무슨 일이냐?"

"시계! 회중시계가 사라졌어. 분명히 있었는데. 그게 돌아갈 수

있는 유일한 희망인데 미치겠네……."

금방이라도 눈물이 쏟아질 것 같았다. 집으로 돌아갈 수 있는 유일한 단서이자 마지막 희망이 사라졌다. 눈앞이 캄캄해지고 머리가 하얘졌다.

"미안한데 나 좀 숙소까지 다시 데려다줄래? 진짜 중요한 일이야."

"지금도 충분히 연습에 늦었다고 말한 것 같은데, 너는 내 말을 하나도 안 들은 것이냐?"

"나한테는 목숨이 달린 중요한 문제라고. 제발 부탁이야. 나 좀 도와주라. 어?"

나는 두 손을 싹싹 빌며 애걸복걸했다. 내가 진짜 다급해 보였는지 김윤은 투덜대면서도 왔던 길을 되돌아갔다. 나는 혹시 바닥에 떨어뜨렸을까 봐 눈에 불을 켜고 바닥만 응시한 채 걸었다. 그러다 전봇대에 부딪힐 뻔도 했다. 김윤에게도 회중시계 모양을 설명하고 같이 찾아봐 달라고 했다.

"손바닥보다 작아. 내 주먹보다 작고 동그란데 황금색 회중시계야. 아! 뚜껑에 커다란 꽃무늬가 새겨져 있어. 저기 저 푸른 창틀에 있는 꽃이랑 비슷해."

나는 푸른 창틀이 있는 붉은색 벽돌 건물을 가리켰다.

"오얏(자두)꽃 말이냐? 오얏꽃이 새겨진 회중시계라고? 오얏꽃은 대한 제국 황실을 상징하는 건데 어찌 네가 그런 귀한 시계를 가지고 있었던 게냐?"

"오얏꽃인지 뭔지는 모르지만 저런 큰 꽃이 새겨져 있어. 설명하자면 긴데 어쨌든 나한텐 진짜 목숨만큼 중요한 거야. 제발 같이 찾아 주라. 응?"

김윤은 내가 간절해 보였는지 더 이상 아무것도 묻지 않았다. 김윤과 나는 왔던 길을 꼼꼼히 살피면서 숙소로 돌아왔다. 하지만 길

바닥에도 숙소 어디에도 시계는 없었다. 방 안을 구석구석 다 살펴보았는데 시계는 보이지 않았다. 나는 다리에 힘이 풀려서 방바닥에 그대로 주저앉았다. 이부자리를 뒤적거리며 시계를 찾던 김윤은 내게 물었다.

"마지막으로 본 게 언제였는지 잘 생각해 보아라."

"그게 기억이 안 나. 어젯밤 순이를 만나기 전까지는 분명히 있었는데……."

"그런데 그게 왜 이렇게 중요한 거냐?"

"그게, 네가 믿을지 모르겠지만 내가 다시 집으로 돌아갈 수 있는 유일한 단서거든."

"집이 어딘지 기억난 게냐? 집에서 식구들이 다들 걱정할 거 아니냐. 어딘지 말해 보아라. 내가 도와줄 터이니."

"걱정하겠지. 나도 알아. 그런데 안다고 해서 막 갈 수 있는 곳이 아니야."

"한성에 이제 전차도 생겼다. 그거 타고 가면 금방 갈 수 있을 것이야."

"전차 타고 갈 수 있는 곳이 아니라고. 장소 문제가 아니고 시간 차원의 문제라서……."

"도대체 뭔 소리야. 그럼 하늘에서 뚝 떨어지기라도 했다는 것이냐?"

"그래, 바로 그거야. 하늘에서 뚝! 그게 맞는 말이네."

"중요한 연습도 빠지고 도와줬는데 고작 하늘에서 뚝 떨어졌다는 말도 안 되는 농이나 하고… 너란 아이는 정말……."

"장난이 아니라 정말이라고. 믿지 못하겠지만 진짜라고. 하아. 나도 답답하다, 정말."

내가 백 년이 훨씬 지난 미래에서 왔다는 걸 어떻게 설명하고 이해시킬 수 있을까? 나조차도 믿기지 않는데. 이건 SF 영화에나 나올 법한 이야기가 아니냔 말이다.

"지금부터 내 말 잘 들어. 믿기 힘들겠지만 내가 약 백 년쯤 뒤 대한민국에서 왔어. 나도 도대체 왜, 어떻게 왔는지는 모르겠는데 아마도 내가 잃어버린 회중시계 때문인 것 같아."

"그 말을 지금 나보고 믿으라는 게냐? 아직 머리가 아픈가 보구나. 기억이 곧 돌아오겠지."

김윤은 내가 기억 상실증에라도 걸린 줄 아는 모양이었다. 모든 게 엉킨 실타래처럼 점점 꼬여만 갔다.

파란 눈의 에케르트

연습실 문을 열었을 때, 황 집사 어르신과 아재들은 악기를 닦으며 손질하고 있었다. 또 몇몇은 악기를 연주하는 중이었다. 김윤과 나는 까치발을 하고 살금살금 맨 뒷자리로 움직였다. 김윤은 황 집사 어르신의 눈치를 살피며 태평소를 꺼내 들었다. 다들 악기 손질에 열중하느라 우리가 들어오는 걸 보지 못한 것 같았다.

그런데 나는 김윤 옆으로 가려다 그만 바닥에 놓인 신발에 걸려 우당탕 고꾸라지고 말았다. 갑자기 연주가 뚝 끊기고 연습실 안에 있던 모든 눈이 나를 쳐다봤다. 나는 오뚜기처럼 잽싸게 자리에서 일어났다.

"죄송합니다. 죄송합니다."

춘복이 아재가 한 손에 징채를 쥔 채로 나와 김윤을 빤히 바라보았다.

"뭐시여. 느그들 지금 온 거여? 시상에나 별일이네. 누구보다도 일찍 연습실에 나오는 만년 일 등 윤이가 늦을 때도 있고 말이여. 허허."

용고를 치는 길삼이 아재는 날이 시퍼렇게 선 칼처럼 날카로운 말을 던졌다.

"윤아, 벌써 꾀를 부리는 것이냐? 아무리 네 실력이 뛰어나다고 해도 혼자서만 튀어서는 좋은 소리를 못 내는 것이다. 타고난 실력이 있다고 연습을 게을리하고 합을 맞추는 걸 소홀히 하면 좋은 악공이 될 수 없는 것이야."

"아따, 길삼이. 뭔 소리를 또 그리 씨게 한다요. 쟈가 오늘 처음 늦은 것이여. 여기 있는 누구보다 열심히 하는 아인데 한 번만 봐주소. 사실 그간 우리 윤이가 찔러도 피 한 방울 나오지 않을 것처럼 완벽해서 쪼까 정내미가 없었는디 쟈도 이제 사람 같구먼. 안 그라요? 허허허."

만식이 아재가 꽹과리채를 흔들며 말했다. 이번엔 황 집사 어르신이 묵직한 목소리로 물었다.

"윤아, 왜 늦은 것이냐? 중요한 연습인 걸 잊은 것이냐?"

화를 내는 것도 아닌데 강한 포스에 나도 모르게 주눅이 들었다. 김윤은 고개를 푹 숙인 채 자리에서 일어났다. 나 때문에 늦었다고 할까 봐 조마조마했다. 모범생 김윤이 나 때문에 지각한 걸 알면 당장 나가라고 할까 봐 불안했다.

"실은 그것이 제가 그만 배탈이 나서 뒷간에 다녀오느라 늦었습니다."

잔뜩 쫄아 구석에 숨죽이고 있던 나는 놀라서 김윤을 빤히 쳐다봤다.

"이제 황태자 전하 대리청정 진하의가 얼마 남지 않았으니 집중하도록 하여라. 한 사람 때문에 취타대 전체 분위기가 흐려질 수도 있느니라."

"예, 어르신."

한바탕 불호령이 떨어질 걸 각오하고 있었는데 황 집사 어르신은 김윤을 혼내지 않았다. 나는 안도의 한숨을 내쉬었다.

다시 황실 취타대의 완전체 연습이 시작됐다. 황 집사 어르신의 선창에 춘복이 아재가 힘껏 징을 쳤다. 용고의 변죽을 치는 소리가 세 번 들리더니 뒤이어 김윤이 태평소 연주를 시작했다. 첫 북소리가 울릴 때, 가슴 깊은 곳에서부터 묵직한 울림이 퍼져 나갔다. 김윤의 태평소 연주가 힘차게 울려 퍼지자, 귀가 번쩍 뜨이고 몸이 저절로 긴장됐다. 낯선 듯하면서도 어디선가 들어 본 것 같은 선율이 공중을 가르며 흘러나왔다. 낯선 전통 악기들의 소리가 하나로 어우러져 무언가 힘 있는 큰 울림을 만들어 냈다. 마치 초원을 거침없이 달리는 야생마처럼 장엄하면서도 역동적인 느낌이었다. 태어나서 처음 눈앞에서 보는 〈대취타〉 연주는 신선한 충격이었다. 마치 마이클 잭슨의 음악을 처음 들었을 때처럼.

와, 황실 취타대라더니 수준이 정말 다르구나. 〈대취타〉가 이런 거였구나. 어젯밤에는 경황이 없어 대충 흘려들어서 황실 취타대의 연주가 이 정도인 줄 몰랐었다. 나도 모르게 〈대취타〉 연주에 점점 빠져들었다.

아! 이 음악 소리를 어디서 들었는지 기억이 났다. 덕수궁에서 회중시계의 태엽을 감았을 때 빛과 함께 흘러나왔던 음악이었다. 취타대의 태평소 소리. 분명 그 소리였다. 회중시계와 황실 취타대가 무슨 관계라도 있는 것일까? 모든 게 풀리지 않는 수수께끼였다.

연습은 오전 내내 계속되었다. 취타대의 합주는 멋진 오케스트라처럼 웅장하고 섬세했다. 그중에서도 특히 김윤이 연주하는 태평소 소리는 마치 사람의 목소리처럼 감정이 담겨 있는 것 같았다. 나도 모르게 그 소리에 귀를 기울이고 집중하게 됐다. 태평소 신동이라더니 완전히 허풍은 아닌 모양이었다.

그때 갑자기 누군가 연습실 문을 열고 들어왔다. 수염이 덥수룩하고 양복을 차려입은 파란 눈의 외국인이었다.

"굿 애프터눈! 황 대장, 잘 있었어?"

파란 눈의 외국인은 서툰 발음으로 황 집사 어르신에게 반말을 했다.

"에케르 아닌가. 무슨 일이요?"

"하이, 에케르."

외국인의 등장에 깜짝 놀란 건 나뿐이었다. 다들 아무렇지도 않게 외국인에게 인사를 건넸다.

"황 대장, 내일모레 있는 행사 연습은 잘 하고 있어?"

"다들 열심히 하고 있소. 양악대는 잘 하고 있소?"

에케르라는 외국인은 혀 짧은 발음이었지만 제법 한국말을 잘했다. 외국인 특유의 말투였지만 소통에 어려움은 없어 보였다. 지난밤에 춘복이 아재가 얘기한 에케르가 이 사람인 것 같았다. 선교사인가? 나는 호기심 가득한 눈빛으로 계속 에케르를 쳐다봤다.

"황 대장, 이따 우리 양악대는 파고다공원에서 연습할 거야. 애국가 연습해야 해."

"우리도 잠깐 시간 내서 파고다공원에 들르도록 하겠소."

나는 김윤의 어깨를 툭 치며 누구냐고 눈짓으로 물어봤다.

"대한 제국 양악대 지휘자 에케르트야. 우린 에케르라고 불러."

"양악대?"

"서양식 군가를 연주하는 신식 군악대다. 구라파 어디에서 왔다고 하던데."

그런데 웬일인지 양악대를 소개하는 김윤의 표정이 돌처럼 굳어 있었다.

"서양 음악? 아, 취타대가 판소리라면 양악대는 팝 음악이겠네? 멋진데."

나는 호기심 어린 눈으로 에케르트를 바라보았다. 모두가 한복으로 된 연습복을 입고 있는 곳에서 말끔한 양복을 입고 중절모를 쓴 에케르트는 혼자만 튀었다. 그때 춘복이 아재가 갑자기 나를 가리키며 말했다.

"에케르, 뭐시냐. 혹시 궁에서 이 아이를 찾는 선교사를 못 봤는가?"

"와이? 무슨 문제 있어? 쩐복."

에케르트가 춘복이 아재를 쩐복이라고 부르는 소리에 먹는 전복이 생각나서 하마터면 크게 웃을 뻔했다.

"거시기, 뭐다냐. 야가 어젯밤에 궁 안에서 길을 잃은 것 같은디 선교사랑 같이 왔다는 것 같으요. 뭐시냐 쪼까 머리를 다친 것 같기도 허고."

"아, 그래? 왓츠 유어 네임? 너 이름 뭐야?"

에케르트가 나를 여기저기 훑어보면서 물었다.

"마이 네임 이즈 박지민."

내가 영어로 말하자 에케르트를 비롯해 거기에 있던 모든 사람들이 신기한 듯 나를 바라보았다.

"와우! 두 유 스피크 잉글리쉬? 웨어 아 유 프롬?"

"어 리틀. 아임 프롬 코리아."

"코레아? 조선? 조선은 여기잖아?"

"아따, 야가 서양 말을 아주 잘허네잉. 워매 대단헌 거."

만식이 아재와 춘복이 아재는 나를 예전과는 다른 눈빛으로 쳐다봤다. 유치원생들도 하는 기초 영어로 이런 눈빛을 받다니 쑥스럽기도 했지만, 한편으로 어깨에 힘이 잔뜩 들어갔다. 하지만 곧 나의 짧은 엉이로는 에케르트의 질문을 알아듣지 못해 계속 실없이 웃기만 했다.

"내가 미국 선교사 헐버트 만나면 소식을 꼭 전해 줄게. 걱정하지 말고 기다려, 찌민."

에케르트는 내 등을 가볍게 토닥이더니 연습실을 나갔다. 에케르트의 말을 듣고 춘복이 아재가 무릎을 탁 치며 말했다.

"그라고 본께 헐버트가 있었구만. 왜 지난해 언젠가 우리들이 대취타 연주하는 걸 요상하게 생긴 기계에다 녹음한다고 했던 선교사 말이여. 우리한테도 들려준다더니 감감무소식이네그려."

"쉿! 춘복이 말 조심하랑께. 황제 폐하가 헐버트랑 선비 몇 명을 헤이그 특사로 보내서 그것 땜시 일본 놈들한테 황위에서 쫓겨나는 거라는 소문이 파다혀. 이번 황태자 전하 대리청정 진하의도 황제 폐하가 원해서 하는 게 아니라잖어. 혀를 잘못 놀렸다가는 우리 같은 하찮은 목숨은 쥐도 새도 모르게 사라질거."

만식이 아재가 주변을 두리번거리며 살폈다. 한바탕 폭풍우가 몰아친 것처럼 정신이 하나도 없었다.

"점심들 먹고 양악대가 연주하는 파고다공원에 가 보도록 하세. 양악대의 연습을 보면 우리도 더 자극을 받을 수 있을 걸세. 다들 잘 채비하도록 하게나."

황 집사 어르신의 말에 다들 악기를 챙기고 정리하느라 분주하게 움직였다.

"금강산도 식후경이라고 밥부터 묵어야지라. 싸게 나가드라고."

어느새 춘복이 아재는 징을 어깨에 짊어지고 연습실 밖으로 나갔다.

"그런데 김윤, 양악대랑 같이 연습해? 분야가 완전히 다르지 않나? 취타대는 국악이고 양악대는 현대 음악이라 어쨌든 좀 분야가 다르지 않아?"

"모레 있을 황실 행사에서 우린 대취타를 연주하고, 양악대는 애국가를 연주할 것이다. 다른 분야이긴 하나 음악은 원래 하나로 통하는 법이니까."

"아! 현대 음악과 전통 음악의 컬래버레이션 같은 거?"

"컬래 뭐? 원래 황실 행사는 우리 장악과 소속 악공들이 하는 거다. 일본이 자신들의 근대화된 음악을 보여 줘야 한다고 신식 군악대를 밀어 넣은 거지."

"난 멋질 것 같은데. 솔직히 전통 음악만 하면 좀 지루하고 따분하잖아. 신식 군악대면 엄청 세련되고 멋지겠네. 이참에 너도 태평소 말고 트럼펫이나 색소폰으로 바꾸면 어때? 태평소 신동이면 금방 배울 것 같은데……."

내 말이 채 끝나기도 전에 김윤은 버럭 화를 냈다.

"뭐라고? 태평소는 우리의 소리이고 숨결이야. 황실 취타 내취들은 대한 제국 황실의 전통과 문화를 지키는 일을 하는 것이다. 우리가 이걸 지키지 않으면 조선의 소리가 사라지게 될 거란 말이다."

선비같이 점잖은 김윤이 화를 내자 당황한 건 오히려 나였다.

"아니, 내 말은 꼭 그러라는 게 아니고. 뭘 또 이렇게 발끈하냐?"

"대취타는 네가 감히 함부로 가벼이 말할 소리가 아니란 말이다."

김윤은 다시 한번 정색했다. 그제야 나는 내가 잘못했음을 깨달았다. 김윤에게 태평소는 내가 춤추는 것과 같은 의미겠지? 사실 나도 누군가 내 춤이 하찮다고 무시한다면 누구보다 화를 냈을 것이다. 다른 사람이 소중하게 생각하는 일을 함부로 쉽게 말해서는 안 되는 것이었다.

"조금 전에 내가 했던 말은 사과할게. 미안해. 절대로 황실 취타대 아재들이나 너를 가볍게 생각하는 건 아니야. 그리고 황실 취타대의 대취타는 내가 들어도 너무 멋지거든. 진심이야."

그제야 김윤의 표정이 다소 누그러졌다.

"오후 연습도 늦으면 집사 어르신이 정말 경을 치실 게다. 우리가 가장 늦은 거 보이지? 너 때문에 또 늦으면 나도 가만 안 있을 것이다. 서둘러라."

김윤은 태평소를 들고 서둘러 연습실 밖으로 나갔다.

파고다공원에서 춤을

　백여 년 전 한성의 거리는 오늘날 서울의 모습과는 완전 딴판이었다. 영화나 TV 드라마를 촬영하는 세트장을 통째로 옮겨 놓은 듯한 느낌이었다.

　내가 뛰는 게 더 빠를 것 같은 전차도 움직이고 있었다. 길지 않은 한 칸짜리 전차가 도로 한복판을 지나면 길을 지나던 사람들이 길을 열어 주었다.

　사람들은 대부분 생활한복을 입었는데 갓을 쓴 사람, 상투머리, 긴 댕기 머리를 한 사람들도 있었다. 하지만 김윤처럼 짧게 자르거나 단발머리를 한 사람들도 제법 눈에 띄었다.

한참을 걸어서 도착한 파고다공원에서는 먼저 도착한 양악대 단원들이 연습하고 있었다. 붉은 황톳길을 따라 삼삼오오 모여든 사람들은 중앙에 서 있는 대한 제국 양악대를 숨죽이며 바라보았다. 장엄한 분위기 속에서, 양악대 단원들은 눈부신 금빛 장식이 돋보이는 군복을 차려입고, 각자의 악기를 단단히 쥔 채 준비하고 있었다. 황실 취타대 단원들은 양악대의 연주를 지켜보기 위해 빙 둘러섰다.

검은 양복에 중절모를 쓴 에케르트가 손을 높이 들자, 고요하던 공원에 북소리가 첫 울림을 터트렸다. 둥! 둥! 둥! 한 치의 어긋남도 없는 박자가 땅을 두드리며 울려 퍼졌고, 뒤이어 트럼펫이 장엄한 울림을 더했다. 애국가를 합주했는데 내가 알고 있는 애국가가 아니었다.

상제는 우리 황제를 도우사 성수무강하사

해옥주를 산갈이 쌓으시고

위권이 환영에 떨치사

오 천만세에 복록이 일신케 하소서

상제는 우리 황제를 도우소서

'동해물과 백두산이 마르고 닳도록'이 아니었다. 영어보다도 이

해가 안 됐다.

　나는 구경하는 사람들 속에 서서 이 낯선 광경을 지켜보았다. 양악대는 애국가 외에 경쾌한 행진곡도 연주했다. 양악대의 연주는 마치 음들이 자유롭게 공간을 넘나들며 화려한 불꽃놀이를 하는 느낌이었다. 각각 다른 악기의 음들이 저마다 공중에서 반짝반짝 빛을 내며 터졌다.

　경쾌한 리듬을 가만히 듣고 있자니 몸 안에서 댄스 세포들이 살아 날뛰기 시작했다. 나도 모르게 몸이 저절로 움직여 무대 앞으로 향했다. 그리고 양악대의 연주에 맞춰 프리스타일로 춤을 추기 시작했다.

　양악대의 북소리가 점점 강렬해지는 순간, 나는 재빠르게 몸을 회전하며 한 손을 번쩍 올렸다. 상체는 살짝 기울어지고, 팔이 부드럽게 공기를 가르며 파도를 그렸다. 마치 보이지 않는 선율이 나의 몸을 이끄는 듯했다. 두 팔을 휘저으며 가볍게 몸을 회전하고, 땅을 지탱하던 한쪽 발을 톡 튕겨 올렸다. 점프로 짧은 순간 공중에 떠 있던 몸이 다시 바닥을 스칠 때는 전율마저 느껴졌다.

　호기심 가득한 주변 시선 따위는 신경 쓸 겨를이 없었다. 내가 춤을 추니 구경하던 꼬마 아이들도 뛰어나와 같이 춤을 췄다. 그야말로 한바탕 신나는 춤판이 벌어졌다. 마지막 비트에 맞춰 손끝을

높이 올리며 한 발을 뒤로 빼고 그대로 멈춰 섰다. 숨을 헐떡이며 땀으로 범벅이 된 앞머리를 털어 냈다.

그 순간 주변에서 구경하던 사람들이 열띤 박수와 함께 환호성을 질렀다. 사람들 틈에서 김윤이 놀란 토끼 눈을 하고선 나를 뚫어지게 바라보고 있었다. 나는 김윤을 향해 윙크하며 씨익 웃어 보였다.

"뭐시여? 저런 요상한 몸놀림은 첨 보는디?"

"아야, 괜찮냐? 무슨 번개라도 맞은 것마냥 발광을 허냐? 허허허."

"신식 춤인가 보구먼. 이상하긴 해도 신나긴 하네그려."

나는 멋쩍게 머리를 긁적이며 사람들 틈으로 들어갔다. 심장이 터질 것 같았다.

"원더풀! 찌민! 어메이징! 판타스틱 댄스 보이!"

지휘를 마친 에케르트가 나를 보고 머리 위로 팔을 들어 열렬한 박수를 보냈다. 그제야 알 수 없는 뿌듯함과 기쁨이 내 마음을 가득 채웠다.

그때 누군가 내 어깨를 톡톡 쳤다.

"너구나! 박지민."

"어! 황태자 전하 처소의 지밀나인 순이. 맞지?"

순이가 쓰개치마*를 벗으며 환하게 웃었다.

"그래. 사람들이 저리 많은데 춤도 추고 대단하구나. 그나저나 처음 보는 춤이던데?"

"그게 나도 모르게 그만……. 그런데 너는 여긴 무슨 일로 온 거야?"

"상궁 마마님 심부름으로 포목전*에 왔어. 비단을 좀 구하려고. 어쨌든 춤 정말 멋지던데."

순이의 칭찬에 내 심장이 쿵덕쿵덕 널뛰기를 하듯이 빠르게 뛰었다.

"고마워. 원래는 훨씬 더 잘하는데 음악이 내가 듣던 거랑 좀 달라서 제대로 실력 발휘가 안 됐네. 히히히."

"그러니? 내가 보기엔 지금도 엄청 훌륭하던데. 사람들이 저리 많은 데서 떨지도 않고 말이야."

거듭된 순이의 칭찬에 나는 얼굴이 벌겋게 달아올라 터질 것만 같았다. 하지만 기분만은 최고였다. 떨리는 마음을 겨우 진정시키고 궁금한 걸 순이에게 물었다.

"참, 그런데 말이야. 혹시 어제, 우리가 지나간 길에서 낡은 회중시계 같은 거 본 적 없어?"

❋ **쓰개치마** : 예전에, 여자가 나들이를 할 때 머리와 몸 윗부분을 가리기 위해 쓰던 치마
❋ **포목전(布木廛)** : 옷감을 파는 가게

"회중시계? 어떻게 생겼는데?"

"황금색 회중시계야. 내게 정말 소중한 시계인데 아무래도 그날 잃어버린 것 같거든."

"그래? 소중한 물건을 잃어버렸다니 무척이나 속상하겠구나. 그러고 보니 그날 돈덕전 앞에서 회중시계를 하나 줍긴 했어. 하지만 그건 황태자 전하의 시계였는데. 뚜껑에 오얏꽃이 새겨져 있었거든. 그래서 황태자 전하께 가져다 드렸단다."

회중시계를 주웠다는 순이의 말에 나는 다그치듯 되물었다.

"진짜야? 그거 내가 잃어버린 시계 아닐까? 혹시 내가 잠깐만 볼 수 있을까?"

"하지만 그건 이미 황태자 전하의 시계방에 있을 텐데. 그런데 전하께서도 그 시계를 보시고는 얼마 전에 잃어버린 시계였다고 하셨어. 엄청 소중히 아끼시던 거라서 많이 상심해 계셨는데 시계를 되찾았다고 어찌나 기뻐하시던지. 원래 감정을 쉬이 드러내시는 분이 아니신데 너무 좋아하셔서 나도 깜짝 놀랐단다."

내가 덕수궁에서 주운 시계와 황태자의 사라진 시계가 같은 시계일까? 나는 궁금해서 미칠 것만 같았다. 당장 두 눈으로 확인해 보고 싶었다.

"있잖아. 황태자 전하의 시계방이 어디야? 내가 좀 확인해 보면 안 될까? 나랑 같이 가면 안 돼? 몰래 가서 보기만 할게."

"어쩌지? 궁의 전각이 마음대로 들어갈 수 있는 곳이 아니라서. 특히나 시계방은 전하께서 소중히 아끼는 곳이라 함부로 들어갈 수 없단다."

순이는 마치 자기가 잘못이라도 한 것처럼 곤란한 표정을 지었다. 당장이라도 회중시계를 찾으러 가고 싶었지만, 지금은 궁궐 안도 아니었다. 하지만 다행인 건 시계가 어디 있는지 알았다는 점이었다.

취타대의 연습은 밤낮없이 계속되었다. 낮에 파고다공원에서 양악대의 연주를 듣고 온 취타대 아재들은 양악대에 질 수 없다며 다들 눈에 불을 켜고 연습했다.

국악에는 전혀 관심이 없던 나도 이제는 취타대의 〈대취타〉 가락이 귀에 익어 리듬을 탈 수 있을 정도였다. 내가 춤에 진심인 만큼 취타대 사람들도 이번 연주에 진심인 것 같았다.

"김윤, 이제 연습 그만해도 되지 않아? 내가 보기엔 충분히 완벽한 것 같던데."

"무슨 소리냐. 이번 진하의 연주가 얼마나 중요한데. 황제 폐하가 즉위 사십오 년 만에 황태자 전하에게 나랏일을 돌볼 권한을 내어 주는 자리이다."

"대박! 사십오 년이나? 지금 대통령 임기가 오 년인데, 무슨 독재자도 아니고 너무 오래 한 거 아냐?"

"이것도 폐하가 스스로 내어 주는 게 아니라 일본 놈들한테 쫓겨나는 것이다. 넌 백성 된 도리로 슬프지도 않은 것이냐?"

"아들한테 물려주는 건데 왜 슬퍼? 그리고 대한 제국의 황제를 일본이 마음대로 할 수가 있어?"

"그거야 나라가 힘이 없으니 나라님마저 일본 놈들이 함부로 하는 거 아니겠느냐? 지금은 일본군의 총칼이 황제보다 높은 곳에 있으니 폐하도 어쩔 도리가 없으실 게다. 사실은 우리 황실 취타대도 이번이 아마 마지막 연주가 될지도 모른다. 일본 놈들이 망해 가는 나라에 황실 군악대는 어울리지 않는다며 대한 제국 군대도 취타대도 모두 해체하려고 한다는 소문이 돌고 있다. 천하에 나쁜 놈들."

나는 항상 반듯한 선비 같은 김윤의 입에서 나쁜 놈들이라는 말이 튀어나와서 놀랐다.

"해체? 그럼 너는, 다른 사람들은 어떻게 되는 건데?"

"그거야… 그때 가서 생각해 봐야지. 지금은 황태자 전하 대리청정 진하의 준비에 집중해야 하니까."

"너한텐 태평소와 취타대가 전부일 텐데 고민이 많겠구나. 누군가 나한테 강제로 춤추지 말라고 하면 난 정말 절망할 것 같은데……."

김윤은 말없이 태평소를 천으로 계속 힘주어 닦았다. 지금도 먼지 한 톨 없이 윤이 반지르르하게 나는데도 말이다.

짓밟힌 꿈

"빠가야로. 시끄럽게 뭐 하는 짓이냐?"

갑자기 악실의 문이 거칠게 열리더니 일본군 대여섯 명이 들이닥쳤다. 조금 전까지 화음을 맞추던 악기들이 순식간에 멈췄다. 총칼을 옆에 찬 일본 군인들은 취타대 연습실을 둘러보며 비열한 웃음을 지었다.

"무슨 일이시오. 지금 황제 폐하가 명하신 대리청정 진하의를 준비 중이란 말이오."

황 집사 어르신이 일본군들을 막아섰다.

"황제? 다 망해 가는 나라에 황제가 가당키나 하느냐?"

"어리석은 조센징 같으니라고. 이번 진하의는 너희의 왕이 더 이상 아무런 힘이 없는, 일본 제국의 허수아비임을 보여 주는 자리다. 대일본 제국의 힘을 천하에 보여 주는 자리란 말이다. 그런 자리에 조선의 후지고 미개한 음악이라니? 말도 안 되는 소리. 일본 군가가 연주되어야 한단 말이다."

일본 군인들은 갑자기 악기들을 발로 걷어차기 시작했다.

"모조리 다 부숴 버려라. 제 놈들의 처지를 똑바로 알 수 있도록 말이다."

악기들이 땅바닥에 처참하게 나뒹굴었다. 취타대 아재들은 악기를 품에 꼭 안은 채 일본군의 거친 군홧발을 온몸으로 막아 냈다. 나는 가슴속에서 뜨거운 불덩이가 요동쳤다. 이대로 가만히 있다가는 악기도 사람들도 다 찢기고 부서질 것만 같았다.

하지만 총칼을 든 일본군을 보자 공포심이 몰려왔다. 눈앞에서 아재들이 속수무책으로 일본군들에게 맞고 있는데도 아무것도 할 수가 없었다. 그때 춘복이 아재가 벌떡 일어나 일본군들 앞을 가로막았다.

"아따 이게 뭔 짓이래. 이러다 악기들 다 망가지겠소."

"감히 우리가 누군 줄 알고 나서는 게냐. 버러지들 같으니라고."

일본 군인들의 거친 발길질이 이번에는 춘복이 아재를 향했다.

퍽퍽 인정사정없는 군홧발에 춘복이 아재는 마치 콩벌레처럼 몸을 움츠렸다.

"그만하시오! 진하의에는 일본의 이토 히로부미 통감*도 참석하는데 행사를 방해한 죄를 감당할 수 있겠소?"

황 집사 어르신이 무서운 목소리로 외쳤다. 이토 히로부미 통감의 이름이 나오자마자 일본 군인들은 일제히 행동을 멈추고 서로 눈치를 살폈다.

"이런 벌레만도 못한 조센징이 어디서 감히 존엄하신 통감님의 이름을 들먹거린단 말이냐. 하긴 너희들이 감히 음악을 알겠느냐? 쓰레기 같은 음이나 낼 줄 알겠지. 가만히 두어도 각국 관리들이 모인 자리에서 톡톡히 망신이나 당하겠지. 하하하하."

하지만 그중 한 명은 문을 나서는 마지막까지 연습실 안의 물건들을 세차게 걷어찼다. 나는 억울하고 분해서 눈물이 났다. 이런 말도 안 되는 일들이 앞으로 일제 강점기 내내 이어진다고 생각하니 숨이 턱 막혔다. 아직 본격적으로 시작되지 않았는데도 이런 지경인데 그 긴 세월을 우리 조상들은 어떻게 버텼을까 생각하니 가슴이 답답해졌다.

"형님, 괜찮소? 다치진 않았소?"

❋ **통감(統監)** : 대한 제국 때 일제가 설치한 통감부의 장관

만식이 아재가 쓰러진 춘복이 아재를 일으켜 세웠다.

"이까이 꺼 암것도 아니재. 괜찮구만. 으으으으."

말로는 괜찮다고 했지만 고통으로 잔뜩 일그러진 춘복이 아재의 얼굴은 괜찮지 않아 보였다.

"성님, 좀 봅시다. 안 괜찮아 보이는디. 어디 상한 거 아니요?"

"아 글씨, 괜찮다니게."

만식이 아재와 춘복이 아재가 실랑이를 벌이는 동안 황 집사 어르신이 성큼 다가갔다. 그리고는 순식간에 춘복이 아재의 손을 잡아챘다.

"으아아아아아악!"

"위매, 우짜쓰까나. 팔이 뿐질러져 버렸는가 보네."

연습실의 모든 눈이 춘복이 아재 팔로 향했다. 확실히 손목이 퉁퉁 부어 있었다. 진하의가 얼마 남지 않은 상황인데 징을 치는 춘복이 아재의 팔이 부러져 버린 것이다. 연습실 분위기가 짙은 안개라도 깔린 것 같이 무겁게 가라앉았다.

"움직일 수 있겠는가?"

황 집사 어르신이 물었다. 춘복이 아재가 팔을 움직여 보려 했지만 징을 치기는 어려워 보였다.

"죄송허구먼요. 의식이 코앞인데 이놈이 사고를 치고 말았나벼요. 아따 우짠대요?"

"그게 어디 자네 탓인가? 치료할 때를 놓치지 않도록 급히 의원에 가 보도록 하게."

만식이 아재는 땅이 꺼져라 한숨을 푹푹 내쉬었다.

"이제 연주까지 닷새밖에 안 남았는디 어쩝니까? 대신할 사람이 있는 것도 아니고 이 사달이 난 게 알려지면 한바탕 난리가 날 터인디. 우리가 먼저 황실에 알려야 하는 거 아니요? 저 흉악한 일본놈들 땜시 연주를 망치게 됐다고 하소연이라도 해야지라."

길삼이 아재는 분노 섞인 목소리로 울분을 토해 냈다.

"일본 놈들이 저리 활개를 치고 다녀도 임금님도 우릴 돌봐 주지 못하는디, 왜 우리만 맨날 죽도록 당해야 하오? 이깟 대취타가 뭐라고……. 다 그만둡시다. 어차피 우리 같은 거 죽어 나가도 높으신 양반들이 눈이나 깜짝하겠소?"

길삼이 아재의 말에 모두 당황한 듯 눈치만 살폈다. 매번 까칠하고 삐딱하게 딴지를 걸던 길삼이 아재였다. 그러자 등채*를 살피던 황 집사 어르신이 낮고 단호한 목소리로 말했다.

"나라가 혼란스러워도, 누구 하나 알아주지 않아도 우린 우리 자리에서 우리 역할을 다할 것이네. 황실이 존재하는 한 우리 황실

❊ 등(藤)채 : 취타대를 이끄는 집사가 사용하는 지휘봉

취타대도 제자리를 지킬 것일세."

"하지만 어르신, 백성들이 죽든 살든 관심도 없는 임금을 위해 왜 우리만 맨날 애써야 합니까? 이렇게 백날 천날 애쓴다고 누가 알아주기나 합니까? 그리고 춘복이 형님도 저리 다치셨는데 방법이 없지 않습니까? 다 틀렸습니다. 다 부질없는 짓이라고요."

길삼이 아재도 물러서지 않았다. 지금껏 봐 왔던 취타대의 분위기와는 사뭇 달랐다. 팽팽한 긴장감에 숨도 제대로 쉬기 어려울 지경이었다. 그때 김윤이 자리에서 벌떡 일어났다.

"어르신, 급한 대로 박지민이 징을 잡으면 어떨까요?"

박지민? 취타대 안에 내가 모르는 나와 같은 이름을 가진 사람이 있었나 생각했다. 설마… 나? 에이! 설마. 김윤이 말한 박지민이 나겠어? 혼자 상상의 나래를 펼치고 있을 때 김윤이 내 얼굴을 보고는 다시 한번 단호하게 말했다.

"어르신, 박지민이라면 할 수 있을 것도 같습니다."

분명히 내 이름이었다. 마른하늘에 날벼락도 아니고 갑자기 거기서 내 이름이 왜 나와? 나는 김윤의 말에 강하게 손사래를 치며 거부 의사를 밝혔다.

"에이, 뭔 소리야? 갑자기? 안 돼요. 당연히 안 되지."

황 집사 어르신이 천천히 나를 위아래로 훑어보았다. 마치 내가 처음 연습실로 들어온 날처럼 호기심 가득한 시선들이 내 몸 구석구석을 훑고 지나갔다.

"저 아이가 가능하겠느냐?"

"아직 닷새가 남았으니 연습을 하면 충분히 가능할 것 같습니다. 그동안 옆에서 지켜본 것도 있으니 금방 배울 수 있으리라 생각됩니다. 제가 열심히 가르치겠습니다."

당사자인 내 의견은 물어보지도 않고 황 집사 어르신과 김윤이 대화를 이어 갔다.

"저기요! 그게 왜 제 의견은 물어보시지도 않고. 에이, 농담이 지나치시네. 말도 안 돼요."

"그동안 여기서 먹여 주고 재워 주고 했으니 너도 그 은혜를 갚아야 할 것이 아니냐?"

갑자기 김윤이 정색을 하며 나를 몰아붙였다.

"아니, 고마운 건 고마운 거고 이건 아니지. 나는 국악의 국 자도 몰라요. 전통 음악은 내 취향이 아니라고요. 아이 러브 댄스. 아이 러브 마이클 잭슨. 차라리 춤을 추라고 해요. 그건 얼마든지 할 수 있으니까."

"은혜도 모르는 인간 같으니. 그렇다면 당장 여기서 나가거라."

갑자기 김윤이 강하게 나왔다. 평소에는 점잖고 마음 좋은 선비처럼 굴더니 다 가면이었다. 치사하게 갈 곳이 없다는 약점을 이용해서 협박하다니…….

"지민아, 어렵겠지만 네가 우리를 한 번만 도와주면 좋겠구나. 너도 며칠 함께 있어서 알겠다만 여러 가지 사정 때문에 취타대에 사람이 턱없이 부족한 실정이란다. 징을 칠 수 있는 이는 춘복이뿐이라 다른 선택을 할 수가 없구나."

황 집사 어르신의 정중한 부탁에 나는 마음이 흔들렸다. 여기를 나가면 갈 곳도 없고 아직 회중시계를 찾지 못해서 이곳을 떠날 수도 없었다.

"집사 어르신이 그렇게까지 부탁하시면 제가 또 거절하기가 어려운데……. 알겠습니다. 제가 해 볼게요. 그런데 뒷일은 책임 못 집니다. 전 태어나서 징채를 처음 잡아 본다고요. 연주를 망쳐도 절대 책임 못 져요. 아셨죠?"

"그건 걱정하지 말아라. 너한테 책임지라고 하지 않을 터이니. 그리고 내가 오늘부터 제대로 가르쳐 줄 테니."

조금 전까지 험한 말로 협박을 하던 김윤이 눈을 반짝이며 내 옆으로 다가왔다.

"아니 그렇다고 황실의 중요한 행사에 저 철없는 아그를 내세운다는 게 말이 됩니까? 안 되불지라. 그러다가 진하의를 망치기라도 하는 날엔 다 같이 죽는 거라니께."

춘복이 아재가 불편한 팔로 손사래를 쳤다.

"아따, 성님. 그럼 이 판국에 무슨 수가 있당가요? 사람이 없지 않소. 해체 소식에 벌써 남은 인원들은 고향으로 돌아간 지 오래고 시방은 일본 놈들 눈치 보느라 누가 나서겄소? 아니 그라요?"

만식이 아재가 징채를 나에게 넘겨주며 말했다. 길삼이 아재와 춘복이 아재는 계속 못마땅한 표정이었다. 하지만 황 집사 어르신까지 나서니 더는 고집을 부리지 못했다.

"춘복이 자네가 몸이 좀 불편하겠지만 이 아이에게 징 잡는 법을 가르치도록 하게. 지금 다른 방도가 없지 않은가? 자네만 믿겠네."

눈 깜짝할 사이에 거대한 물결에 휩쓸린 기분이었다. 어쩌다 보니 돕겠다고는 했지만 마음이 거센 파도를 만난 것처럼 불안감에 요동쳤다.

거절할 수 없는 제안

진하의가 사흘밖에 남지 않았다. 나는 아직도 박자를 놓치고 징 채를 놓치기 일쑤였다. 오른손 여기저기에 물집이 잡혔다. 한 번도 잡아 보지 못한 징을 드느라 왼팔도 떨어질 것만 같았다. 돕겠다고 해 놓고 이제 와 말을 바꿀 수도 없었다. 혹 떼러 갔다가 혹 하나 더 붙이고 돌아온 혹부리 영감처럼 자꾸만 일이 더 복잡하게 꼬였다. 당장이라도 도망치고 싶었다.

연습이 끝나고 답답한 마음에 혼자서 궁궐 여기저기를 방황하며 돌아다녔다.

"궁궐 안에 연못도 있었네?"

연못은 고요히 숨을 죽인 채 주변에 늘어선 소나무의 그림자와 둥근 달을 품고 있었다. 바람이 불 때마다 소나무 잎이 흔들리며, 연못의 그림자도 살랑살랑 춤을 추듯 움직였다.

"빨리 돌아가야 하는데 내가 지금 여기서 뭐 하는 거야? 아아아! 진짜 미쳐 버리겠네."

나는 답답한 마음을 풀기 위해 좋아하는 마이클 잭슨의 〈Black or White〉의 멜로디를 흥얼거리며 달빛 아래에서 춤을 추기 시작했다. 백 번도 더 들은 음악이었다. 박자에 맞춰 손끝을 튕기듯 움직이며 한 발을 앞으로 내딛고, 반대편 발을 뒤로 미끄러뜨렸다. 달빛이 비치는 길 위에서 천천히 문워크를 시작했다. 마치 바닥과 밀착된 듯한 발놀림으로 뒤로 미끄러지듯 나아가자 그림자도 함께 따라 움직였다.

빠르게 몸을 회전하며 팔을 위로 쭉 뻗었다. 손끝에서 시작된 웨이브가 어깨를 타고 흘러내리며 허리까지 이어졌다. 이어서 손끝을 허공에 튕기고 한쪽 발을 뒤로 빼면서 스핀을 시작했다. 빠르게 한 바퀴 돌고, 마지막 동작으로 한쪽 무릎을 꿇으며 손을 하늘로 높이 뻗었다.

달빛마저 나를 비춰 마치 내가 무대에 선 마이클 잭슨이 된 것 같았다. 그래, 이거다. 내가 가장 빛나는 순간, 내가 가장 행복한 순간은 역시 춤출 때였다. 나는 숨이 턱까지 차올라 그대로 땅바닥에 철퍼덕 드러누웠다.

그제야 보이는 까만 하늘. 그리고 하얗고 둥근 달과 별, 별, 별, 수없이 많은 별……. 금방이라도 쏟아질 것만 같은 수많은 별이 하늘에 빼곡히 박혀 있었다. 하늘에 이렇게나 많은 별이 있는 건 태어나서 처음 봤다. 화려한 네온사인과 조명 때문에 서울의 밤하늘에서 별을 찾는 건 보물찾기보다 더 어려웠다.

그때였다. 짝짝짝! 갑자기 어둠 속에서 검은 그림자 하나가 박수를 치며 불쑥 튀어나왔다. 나는 귀신이라도 본 것처럼 소스라치게 놀라 소리를 지르며 일어났다.

"으악! 엄마야!"

그러자 검은 그림자는 다급하게 두 손을 저으며 말했다.

"놀라지 말거라. 난 단지 네 춤이 좋았다고 말하고 싶었을 뿐이다."

검은 그림자가 달빛 아래 얼굴을 드러냈다. 하얗고 창백한 얼굴, 2 대 8 가르마로 빗어 넘긴 짧은 머리, 진하게 쌍꺼풀이 진 눈, 만화책에서 볼 듯한 카이저 콧수염을 가진 아저씨였다. 밤이라 잘 보이지는 않았지만 좀 비싸 보이는 비단옷도 입고 있었다.

"누구세요? 전 귀신인 줄 알고 깜짝 놀랐잖아요."

아직도 놀란 가슴이 진정되지 않고 쿵쾅거렸다.

"뭐? 귀신? 하하하하하. 귀신은 아니니 걱정 말거라."

"네, 귀신은 아닌 것 같네요. 한국 귀신은 하얀 소복 입고 산발하고 있을 텐데 귀신치고는 너무 머리가 단정하시네요. 휴우."

"재밌는 아이로구나. 넌 누구길래 여기서 춤을 추고 있던 것이냐? 처음 보는 춤이던데 무척 특이하고 이상하지만 자유로움이 느껴진달까."

그 콧수염 아저씨는 호기심 어린 눈빛으로 나를 쳐다봤다.

"우리 엄마가 함부로 이름이랑 전화번호 같은 거 말하지 말라고 했거든요. 그러는 아저씨는 누구신데요?"

"나? 궁에서 나를 모르는 것이냐? 나는 이척… 아니, 경운궁에서 일하는 사람이니라. 이제 네 소개를 할 차례구나."

"처음 봤는데 아저씨를 제가 어찌 알아요? 저는 박지민이에요."

"어디 소속이냐? 이 밤에 여기서 무얼 하고 있던 것이냐?"

"소속? 음, 그러니까 전 황실 취타대 소속인데요. 아시죠? 황실 취타대. 황실을 위해서 연주하는 전통 악대요. 그리고 보시다시피 전 춤을 추고 있었죠. 좀 답답한 게 많아서. 스트레스를 좀 풀어야 해서요."

어디서 많이 본 것처럼 낯이 익었다. 하지만 옛날 사람들은 다 비숫하게 생겨서겠거니 생각했다. 동양인이 백인들을 볼 때 미국 사람이든 영국 사람이든 다 비슷하게 생긴 것처럼 말이다. 어쨌든 나쁜 사람 같아 보이지는 않았다.

"아저씨, 경운궁에서 일한다고 하셨죠? 그럼 한 가지만 물어봐도 될까요?"

"무엇이냐? 이래 봬도 내가 평생을 궁에서 살았단다."

"정말요? 그럼 궁 어디에 뭐가 있는지 다 알겠네요? 궁 안에 황태자의 시계방이 있다고 하는데 어딘지 아십니까?"

나는 실낱같은 희망을 품고 다짜고짜 시계방의 위치를 물었다. 그러자 그 아저씨의 눈이 동그랗게 커졌다.

"네가 어찌 황태자의 시계방에 대해서 묻는 것이냐?"

"사실 제가 며칠 전에 아주 중요한 회중시계를 잃어버렸는데 누가 잘못 알고 거기다 가져다 둔 것 같다고 해서요. 그걸 찾아야 하거든요. 이건 완전 배달 사고예요. 택배가 잘못 배송된 거죠."

"택배? 하하하. 갈수록 알 수 없는 말을 하는구나. 도대체 누가 그 시계를 구성헌에 가져다 두었단 말이냐? 거긴 아무나 들어갈 수 있는 곳이 아닐 터인데."

"말해도 아마 아저씨, 아니 어르신은 잘 모르실 거예요. 그런데 시계방이 구성헌에 있습니까? 구성헌은 어디에 있습니까? 여기서 가깝습니까?"

아저씨는 잠깐 생각에 잠긴 듯했다. 그러더니 잠시 후 내게 폭탄 발언을 했다.

"내가 그 시계방에 들어갈 수 있도록 해 줄 수 있는데 말이다."

"네? 정말이죠? 아니지, 지금 저를 놀리는 거죠? 우아, 진짜 깜빡 속을 뻔했네. 좀 전에 어르신이 그곳은 아무나 못 들어간다면서요. 어르신이 어떻게 저를 들어갈 수 있게 해 주시는데요? 황태자 전하의 가족이라도 됩니까?"

"하하하. 재밌는 녀석이구나. 내가 얼마 만에 이리 큰 소리로 웃어 보는지 모르겠다."

"농담하지 마시고요. 제가 시간이 없단 말이에요."

사실이었다. 낯선 아저씨와의 실없는 말씨름 때문에 시간이 너무 많이 흘렀다. 김윤이 아마 도끼눈을 뜨고 나를 째려볼 게 분명했다.

"내가 바로 그 시계방을 관리하는 관리인이니라. 황태자의 명을 받아 시계방을 관리 중이다."

"에이, 설마. 에? 진짜요? 그럼 진짜 저를 그곳으로 데려다줄 수 있으십니까?"

"이 녀석이 속고만 살았느냐? 하지만 그냥은 안 된다."

"에? 왜요? 그럼 저한테 소개비, 그러니까 수수료 같은 거라도 받으시려고요? 하지만 제가 어쩌다 보니 몸만 이곳으로 오게 돼서 가진 게 아무것도 없는데요. 진짜 제가 지금 거지꼴이라서 드릴 수 있는 게 하나도 없어요."

나는 입고 있던 저고리의 소맷자락을 털고 허리춤의 빈 주머니를 만지작거리며 나의 가난한 현실을 적나라하게 보여 주었다.

"하하하. 그런 게 아니다. 내가 진심으로 아주 오랜만에 너의 춤을 보고 위로를 받았느니라. 어디든 자유롭게 훨훨 날아다니는 한 마리 나비 같더구나. 나를 위해 계속 춤을 춰 줄 수 있겠느냐?"

나는 슬그머니 고개를 들어 그 아저씨의 얼굴을 빼꼼 올려다보았다. 황태자의 시계방을 관리한다는 아저씨는 나를 보고 희미하게 웃고 있었다. 그런데 웃고 있는 입과 다르게 눈은 무척이나 슬퍼 보였다.

"그러니까 춤만 추면 제 시계를 찾을 수 있게 도와주신다는 거죠? 진짜죠? 그런데 얼마나 춤을 춰야지만 시계방에 갈 수 있나요? 혹시 일주일? 아니면 한 달? 제가 시간이 많지 않아서요."

"걱정 말거라. 그리 오래 걸리지는 않을 터이니. 일주일 정도면 되지 않겠느냐?"

나는 선택의 여지가 없었다. 무엇보다 회중시계를 찾아야만 이곳을 벗어날 수 있으니까. 어쩌면 하늘이 준 기회일 수도 있다. 이 넓은 궁 안에서 황태자의 시계방을 관리하는 사람을 딱 만났으니 말이다.

"알겠습니다. 약속은 꼭 지키셔야 합니다."

아저씨는 옅은 미소를 짓더니 유유히 어둠 속으로 사라졌다. 나는 한참을 콧수염 아저씨가 사라진 어둠 속을 멍하니 바라보고 서 있었다.

두 개의 비밀

"이놈아, 그게 아니지. 어르신이 '명금일하 대취타 하랍신다!'라고 외치면 쿵 딱에서 바로 징을 쳐야 한다고. 흐미, 야가 생긴 것보다 박자감이 없구먼. 그걸 하나 딱딱 못 맞추냐?"

춘복이 아재가 답답한 듯 내 머리를 꽁 하고 쥐어박았다. 나도 마음속으로 계속 쿵 딱을 했다. 그런데 긴장하니까 손이 머리와 따로 놀았다. 나름 리듬감 하나는 자신 있는 춤꾼이었는데 이런 쉬운 박자를 계속 틀리다니 자존심이 상했다. 그리고 어젯밤 황태자의 시계방 관리인을 만난 것 때문에 더 집중이 안 됐다.

"저도 계속 쿵 딱 쿵 딱 한다고요. 그런데 이게 춤출 때랑 국악이랑은 영 박자가 다르잖아요."

"그러니께 쿵 딱 쿵 딱이 아니고 쿠우웅 딱에서 쳐야지. 그리고 대취타의 시작을 알리는 징 소리인데 그렇게 히마리가 없게 쳐서야 쓰겄냐? 허벌나게 씨게 쳐야지."

춘복이 아재는 도대체 알아들을 수 없는 사투리를 쏟아 냈다. 허벌나게가 무슨 뜻인지 이럴 때 스마트폰이라도 된다면 검색이라도 해 볼 텐데 말이다.

"네? 허벌나게요? 히마리는 또 뭐예요?"

"죽 한 사발 못 먹은 것처럼 매가리없이 치지 말고 정신이 바짝 들게 세게 치라는 말이지."

"예? 매가리요? 아, 세게요."

내가 왜 이걸 하겠다고 했는지 수백 번도 더 후회했다. 아침부터 국밥 한 그릇 먹고는 종일 계속 징만 쳐 댔다. 생각보다 징 무게도 꽤 나가서 손목도 어깨도 빠질 것 같았다. 힘들 때마다 나는 김윤을 흘겨보았다. 이 모든 게 다 김윤 저 녀석 때문이었다. 나쁜 놈, 내가 누구 때문에 이렇게 고생하고 있는데 지 할 일만 하고 있어. 나의 따가운 시선을 알고서 피하는 것인지 김윤은 나에게 눈길 한 번 주지 않고 오로지 태평소 부는 것에만 집중했다.

첫날은 징을 들고 있는 것도 힘들었다. 징을 세게 치면 반동 때문에 징이 흔들려서 소리가 앞으로 시원하게 쭉쭉 뻗는 게 아니라 지렁이 기어가듯이 힘없이 꾸불꾸불거렸다. 그러면 또 옆에서 춘복이 아재가 호통을 쳤다.

연습은 밤낮없이 계속되었다. 나흘째 되는 날에는 그래도 어느 정도 박자도 맞추고 제법 흔들림 없는 소리도 낼 수가 있었다. 내 손에는 잔뜩 굳은살이 박이고 물집이 잡혔다. 저스트 댄스에서 춤 연습을 할 때를 제외하고는 이렇게 열심히 무언가를 해 본 적이 없었다.

연습이 끝나면 나는 몰래 악실을 빠져나와 연못가로 달려가 황태자의 시계방 관리인 아저씨를 만나 춤을 췄다. 음악 없이 내가 멜로디를 흥얼거리며 춤을 추려니 생각만큼 멋진 춤이 나오진 않았다. 하지만 나는 그 아저씨를 만족시키기 위해 최선을 다했다. 내 춤에 감동받아 하루라도 빨리 회중시계가 있는 곳으로 데려다주길 기대하면서 말이다.

하지만 춤을 추는 그 시간은 나에게도 더없이 소중했다. 낯선 대한 제국으로 타임 슬립 했다는 답답함에서 잠시나마 벗어날 수 있는 시간이기도 했으니까.

진하의가 하루 앞으로 다가왔다. 큰 잔치를 앞둔 궁 안의 분위기가 생각과는 달리 무겁게 가라앉아 있었다. 황실 취타대는 매일 아침부터 밤늦게까지 연습을 했지만 오늘은 내일 진하의를 위해서 평소보다 연습을 일찍 마무리하기로 했다. 황 집사 어르신과 다른 아재들은 숙소로 먼저 돌아갔다. 김윤과 나는 연습실 뒷정리를 하기 위해서 남았다.

"박지민, 도와줘서 고맙다. 너 아니었으면 큰일이 났을 게다."

"그렇지. 나 없으면 큰일 날 뻔했지. 내가 좀 잘나서 말이야. 하하하."

"뭐라고? 넌 어찌 매사가 진지하지 못하고."

"농담이다, 농담. 무슨 애가 농담을 몰라. 매사에 그렇게 진지하니 재미가 없지. 그러니 아재들이 너보고 김 선비라고 놀리는 거다. 너 설마 그거 칭찬으로 알고 있는 거 아니지? 재미없다고 돌려 까는 거야."

"뭐? 음. 사실 처음에 널 봤을 때 정신이 좀 이상한 아이인 줄 알았다. 뭐 지금도 딱히 틀린 건 아니지만. 하지만 도와줘서 고맙다는 말은 하고 싶었다. 진심으로."

"내가 진실을 말해도 넌 믿지 못하겠지만, 어쨌든 네가 없었으면 낯선 대한 제국 땅에서 혼자서 너무 힘들었을 거야. 나도 고마워."

"그 말도 안 되는 진실을 한번 말해 보아라. 내가 들어 줄 테니까."

김윤이 웃음기를 쏙 뺀 채 내 얼굴을 빤히 바라보았다. 나는 밑져야 본전이라는 심정으로 그동안의 일들을 빠짐없이 김윤에게 말했다. 내 이야기를 듣는 동안 김윤의 얼굴이 순간적으로 굳었다가 이내 미묘하게 떨렸다.

"그러니까 네 말은, 지금 네가 백 년 뒤 대한 제국, 아니 대한민국에서 왔다는 것이냐? 그걸 지금 나보고 믿으라는 소리냐?"

"그거 봐. 너도 못 믿을 거라고 했지. 너 내가 또 거짓말한다고 생각하지?"

"너무 허무맹랑한 얘기라서 누군들 믿겠느냐?"

"진짜 답답하다. 내가 보여 줄 수도 없고. 아!"

나는 연습실 나무 상자 위에 개켜 두었던 내 바지 주머니에서 스마트폰을 꺼냈다.

"이게 스마트폰이라는 거야. 크기는 작지만 엄청 똑똑하거든. 아주 멀리 있는 사람들이랑 전화도 할 수 있고, 사진도 찍을 수 있고, 음악도 듣고, 영상도 보고, 게임도 할 수 있어. 백 년 뒤에는 사람들이 이런 스마트폰을 모두 한 개씩 가지고 다녀."

"도대체 뭔 말을 하는지는 모르겠지만 이게 백 년 후 우리나라에서 온 물건이란 말이냐? 이 작은 거에서 뭐가 많이 나온다고? 도깨비방망이 같은 것이냐? 뚝딱뚝딱 말만 하면 나오는?"

"뭐 비슷하다고도 할 수 있네. 스마트폰이 도깨비방망이라니 참신하다."

김윤은 전원이 꺼진 스마트폰을 이리저리 살펴보았다.

"그럼 지금 뭐든 한번 불러내 보아라. 내 그리하면 믿어 줄 터이니."

"지금은 배터리가 방전돼서 충전해야 하는데……. 그러니까 전기가 나가서 궁궐에 전등이 꺼진 거랑 같은 거야. 전등이 나가면 깜깜

해지는 것처럼 내 스마트폰이 지금 딱 그 상태라고."

"그거라면 전봇대에 연결하면 되지 않느냐?"

"뭐? 하하하. 충전 케이블이 있어야 하는데 그건 지금 이곳에 없으니. 아쉽네. 너한테 보여 주면 좋을 텐데 말이야."

"믿기지는 않지만 네가 그리 우기니 한 가지만 물어보자. 그곳에서도 대한 제국은 일본 놈들한테 괴롭힘 당하고 있느냐?"

김윤은 불안한 듯 두 손을 계속 만지작거리더니 입술을 파르르 떨면서 말했다.

"다른 건 몰라도 그건 확실히 대답해 줄 수 있어. 절대 아니야. 중간에 조금 힘든 시기가 있긴 하지만, 백 년 뒤의 대한민국은 지금의 대한 제국과는 비교가 안 될 정도로 잘 먹고 잘 사는 나라가 됐어. 다른 건 몰라도 드라마, 영화, 케이 팝까지 한류가 전 세계를 사로잡는 문화 강국이 됐지. 아마 세종 대왕님도 봤으면 감동했을걸."

"정말 그리된다면 얼마나 좋을까. 네 말이 거짓이라 해도 믿고 싶어지는구나. 그나저나 네가 왔던 곳으로 돌아갈 때는 어떻게 가야 하는 게냐? 마음만 먹으면 언제든 갈 수 있는 게냐?"

"내가 돌아가려면 그 회중시계가 있어야 하거든. 내가 지난번 잃어버렸다는 시계 말이야. 그런데 그 시계가 황태자의 시계방에 있다는 거야. 내가 그걸 찾기 위해서 지금 밤마다 무슨 짓을 하고 있는지······."

"너 요즘 맨날 밤에 혼자 뒷간 간다고 나가더니 뭔 짓을 하고 다니는 게냐? 얼마 전 일을 잊은 거야? 함부로 돌아다니다 큰일을 당할지도 모른다고."

김윤은 큰소리를 내며 나를 다그쳤다. 나는 그동안 황태자의 시계방 관리인을 만나서 춤을 춘 이야기를 김윤에게 털어놓았다.

"시계방 관리인이라고? 그 사람이 황태자 전하 시계방 관리인이 맞는지 네가 어찌 아는 것이냐?"

"설마 어른이 아이 상대로 거짓말을 하겠어? 그리고 딱 봐도 엄청 높은 벼슬을 하는 사람 같아 보였어. 입고 있는 옷이 번쩍번쩍 비싸 보이던데?"

"비싼 옷을 입은 사람이 시계방을 관리한다면 더 말이 안 되지 않느냐?"

"너 무섭게 왜 그래? 이제 와서 거짓말이면 안 되지. 내가 그동안 그 아저씨 맘에 들려고 얼마나 열심히 춤을 췄는데."

불안감에 다시 손톱을 잘근잘근 물어뜯었다.

"그런데 주머니에 있는 하얀 종이는 무엇이냐?"

김윤이 스마트폰을 꺼낸 내 바지 주머니에서 구겨진 채 삐져나온

프린트물을 가리켰다.

"이거 지난번에 선교사가 준 사진이라고 했는데 사실은 말이야. 백 년 뒤 내가 온 곳에서 배우는 역사 속 고종 황제와 순종 황제의 사진이다. 그러니까 지금 황제 폐하와 황태자 전하의 사진 말이야. 그런데 이 사람은… 내가 만난 시계방 관리인이랑 너무 닮았네!"

나는 놀라서 두 눈을 비볐다. 사진 속에 틀림없이 내가 만난 황태자의 시계방 관리인 사진이 있었다. 바로 순종의 얼굴이었다.

"말도 안 돼! 내가 만난 관리인이 황태자였어? 오 마이 갓!"

나는 두 손으로 머리카락을 쥐어뜯었다. 갑작스런 나의 발작에 김윤이 놀란 눈으로 물었다.

"갑자기 왜 그러는 거야?"

"김윤, 내가 만났다는 사람 말이야. 그 시계방 관리인이 바로 황태자인 것 같아. 이 사람 말이야."

나는 손가락으로 고종 옆 순종의 사진을 가리켰다. 김윤은 내게서 프린트물을 받아 한동안 말없이 쳐다봤다.

"이분이 황태자 전하시구나. 어려서부터 병약하시고 사람들 만나는 걸 극도로 싫어하셔서 궁에서 얼굴을 본 이가 많지 않다고 들었다. 이리 생기셨구나."

"대인 기피증이 있어? 나를 만날 때는 말도 잘 하던데……. 지금

보니 거짓말도 잘하고 말이야. 감쪽같이 속이다니 생각할수록 열 받네. 그러고 보니 이상했어. 맨날 궁 안팎의 소식을 물어보더라고. 높은 관리라면 나보다 더 잘 알 텐데 말이야. 어쨌든 나도 아는 게 없어서 맨날 너랑 황실 취타대 얘기만 잔뜩 했지만 말이야."

"그래? 우리 이야기를 했단 말이지. 전하가 네 앞에서 말을 잘 하신다니 네게 아주 특별한 힘이 있나 보구나."

"그나저나 내일이 진하의 날인데 오늘도 시계방에 안 데려가면 내가 진짜 혼자서라도 구성헌에 찾아갈 거야."

나는 기필코 오늘 밤에는 나를 속인 황태자와 결판을 내리라고 결심했다.

김윤에게 비밀을 털어놔서일까? 나를 무겁게 짓누르던 커다란 돌덩이가 사라진 것처럼 조금은 홀가분했다. 입을 열기 망설여졌던 비밀을 꺼내 놓았음에도 두려움보다는 안도감이 밀려왔다. 낯선 대한 제국에서 혼자가 아니라는 사실이 조금은 위로가 되었다.

주인 없는 양위식

진하의를 하루 앞둔 터라 궁 안이 종일 어수선했다. 김윤과 대화를 마친 후 춤을 추러 연못가로 갔다. 시계방 관리인이라고 했던 황태자를 만나면 기회를 봐서 그동안 나를 속인 것에 대해 따질 참이었다. 그런데 황태자는 유난히 아무 말 없이 내 춤을 바라보기만 했다. 내가 춤을 추는 동안에 황태자는 자주 밭은기침을 했다. 기침 소리에 자꾸 신경이 쓰여서 춤에 더 집중할 수가 없었다. 춤이 끝나기도 전에 황태자가 연거푸 기침을 하며 말했다.

"오늘은 그만하면 되었다. 콜록콜록."

"감기 걸리셨습니까?"

"아니다. 내 어려서부터 기관지가 약해서 그렇다. 별일 아니니 신경 쓰지 말거라."

"아, 네. 그런데 어르신, 진짜 황태자 전하의 시계방 관리인이 맞습니까? 저한테 거짓말하시는 거 아닙니까?"

"어허, 무엄하다. 감히 날 의심하는 거냐?"

황태자는 헛기침을 하고는 정색을 했다. 화낼 사람은 난데 오히려 본인이 더 발끈하다니.

"글쎄 그 무엄이 무슨 말인지 잘 모르겠는데 제가 이미 다 알아 버렸습니다. 아니, 황태자 전하가 왜 시계방 관리인 행세를 하십니까? 어린이를 상대로 장난치는 게 재미있으십니까?"

내 말에 황태자의 얼굴이 웃음을 참지 못하겠다는 듯이 실룩거렸다.

"허허허허. 고놈 참, 어찌 알았느냐? 너는 항상 이 궁에서 나를 웃게 만드는구나. 콜록콜록."

황태자의 기침이 점점 더 심해졌다.

"진짜 감기 걸리신 거 아니에요? 야밤에 이렇게 자꾸 나오시니까 감기에 걸리시죠."

"아니다. 괜찮다. 내가 어렸을 때 아편이 든 커피를 잘못 먹는 바람에 그 뒤로 항상 이리 몸이 성치 아니하구나."

"아편이라면 마약 같은 거요? 누가 감히 황태자가 마시는 커피에 약을 탑니까?"

이런 게 바로 영화에서나 보던 독살인가? 나는 깜짝 놀랐다.

"일국의 황제도 황태자도 항상 목숨을 걱정해야 하는 자리더구나. 언제든 독이 든 음식이 올라올 수도 있고, 어디서든 총알이 날아들 수도 있는……. 누군들 알았겠느냐? 일국의 황후이신 내 어머니가 저리 왜놈들의 손에 비참히 생을 마치실 줄……."

나는 황태자를 위로해 줄 말이 생각나지 않았다. 좋은 옷을 입고, 맛있는 음식을 먹고 높은 자리에서 뭐든 명령만 하면 아랫사람들이 다 알아서 해 주니까 편할 거라고만 생각했는데 그게 아니었나 보다. 그동안 무슨 황태자가 저리 나약하고 무기력한가 싶어 짜증도 났었는데 어머니가 일본군에게 죽임을 당했다는 소리를 듣고는 황태자의 두려움이 살짝 이해가 될 것 같았다.

"내일이 대리청정 진하의인데 긴장되지 않으세요? 내일이면 대한제국 황제로 나랏일을 볼 수 있는 거잖아요."

"그리 간단하지가 않다. 아바마마도 나도 행사에는 참석하지 않을 것이다."

"네에? 아니 왜요? 황실 취타대랑 양악대가 눈에 불을 켜고 준비했는데요. 제 손 좀 보세요. 징채를 잡느라 손이 온통 물집투성입니다."

"아바마마는 일본의 강제 양위* 압박에 맞서 대리청정을 말했지만 실질적으로는 일본에 등 떠밀려 왕위를 넘기는 꼴이다. 너희에게는 미안하지만, 일본 놈들이 원하는 대로 그 자리에 나가 꼭두각시가 되지는 않을 것이다. 그게 아바마마와 나의 마지막 자존심이니라."

"그런데 전하. 그러다 일본이 또 위협하면 어떡합니까? 가만히 있지 않을 것 같은데요."

"각국의 영사*들이 다 참석하는 거라 우리를 함부로 겁박하지는 못할 것이다."

"그럼 내일 진하의에는 누가 참석해요? 황제 폐하도 전하도 참석을 안 하신다면서요? 그렇다면 식을 취소해야 하는 거 아니에요?"

"이토 히로부미 통감이 이미 각국 영사들에게 행사를 알렸으니 꼭두각시라도 앉혀 연극을 할 수도 있겠구나. 내 자리에는 잘난 이완용이 대신 앉으려나?"

황태자의 목소리가 파르르 떨렸다. 분노와 좌절이 함께 깃든 목소리였다. 이대로 있다가는 끝이 안 보이는 깊은 늪에 나까지 빨려 들어갈 것만 같았다. 오늘은 꼭 시계방에 데려가 달라고 할 참이었

❖ **양위(讓位)** : 임금의 자리를 물려줌.
❖ **영사(領事)** : 외국에 살면서 자기 나라의 이익과 자기 나라 사람을 위해 일하는 공무원

는데 황태자의 얼굴을 보니 차마 그 말이 입 밖으로 나오지 않았다.

"전하, 저한테 춤을 배워 보시겠어요? 저는 답답할 때 춤을 추면 아무 생각도 안 나고 마음이 편안해지거든요. 전하도 지난번에 제 춤을 보고 자유롭게 나는 나비 같다고 하셨잖아요. 이게 또 건강에도 엄청 좋아요. 춤추면 땀도 많이 나는데 노폐물도 배출되고 스트레스가 확 풀린다니까요."

"나보고 이 시국에 지금 춤을 추라는 것이냐?"

"화만 내고 가만히 있으면 아무것도 날라지는 건 없잖아요? 싸우려면 몸이 튼튼해야 한다고요. 그리고 저희 엄마가 맨날 하는 잔소리가 있는데요. 남들이 아무리 좋다고 해도 자신이 직접 경험하지 않으면 내 것이 아니라고 했어요."

"하지만 내가 어찌 황태자의 신분으로 너처럼 경망스럽게 춤을 춘단 말이냐?"

"한 나라의 황제가 되실 분이시니 더 건강해야지요. 그러려면 운동을 해야 한다고요. 사극에서 보니까 왕들은 죄다 말도 타고 활도 쏘고 다 하던데요? 그것보다 훨씬 쉽습니다."

"허나 그것은 무술 연마이고, 이건 춤이지 않느냐? 내 어렸을 때부터 항시 몸가짐을 단정히 해야 한다고 배웠거늘……."

"이게 생각보다 어렵지 않습니다. 제가 이래 봬도 타고난 춤꾼이

거든요. 김윤처럼 천재 소리까지는 못 들어도 수재 소리는 좀 듣습니다. 하하하. 천천히 가르쳐 드릴 테니 따라해 보세요. 우선 가벼운 스트레칭부터 시작합니다."

나는 황태자에게 간단한 스트레칭부터 가르쳐 주었다. 춤은 아직 시작도 하지 않았는데도 황태자는 태어나서 처음 몸을 써 보는 사람처럼 어찌할 줄을 몰랐다.

"보기엔 쉬워 보이는데 생각보다 쉽지 않구나. 이리하는 게 맞는 것이냐?"

"팔을 그렇게 하면 안 되고요. 전하, 몸치십니까? 아니 몸을 왜 그렇게 아무렇게나 움직이세요? 이렇게 쭉 뻗으시라고요. 이렇게 쉬운 걸 못하십니까?"

"네 이놈! 기다려 보거라. 나도 애쓰는 중이다."

달빛 아래 커다란 도포* 자락이 거대한 풍선 인형처럼 한동안 이리저리 나부꼈다.

진하의가 열리는 7월 20일, 중화전 앞 넓게 펼쳐진 돌 광장은 알 수 없는 긴장감에 휩싸였다. 의식을 준비하는 관리들의 발소리가 낮게 울려 퍼졌다.

❋ 도포(道袍) : 예전에, 남자들이 일상적으로 입던 겉옷

황실 취타대가 속한 전정궁가와 에케르트가 이끄는 양악대는 악실에서 따로 대기했다. 나는 큰 행사를 앞두고 있어서인지 자꾸 오줌이 마려웠다. 식이 열리기 전에 마지막으로 뒷간에 다녀온다고 하고 악실을 빠져나왔다. 중화전 앞마당은 이른 아침부터 사람들로 부산스러웠다.

화려한 메달과 반짝이는 배지를 단 서양식 예복으로 한껏 멋을 낸 대한 제국의 관리들과 서양 영사들, 색색의 드레스에 레이스 장식이 달린 커다란 챙 모자로 한껏 멋을 낸 서양 여자들도 보였다. 눈길을 끄는 것은 유럽 영화에서나 나올 법한 화려한 중세 시대 드레스를 입고 춤을 추는 여자들이었다. 빛바랜 흑백 사진 같던 궁궐이 화려한 무도회장처럼 생기가 넘쳤다.

그 중심인 중화전 계단 위에는 커다란 황금색 의자 두 개가 덩그러니 놓여 있었다. 정교한 문양이 새겨진 걸로 보아 황제와 황태자를 위한 자리 같았다.

진하의를 위해 취타대도 낡은 연습복을 벗고 연주 복장으로 갈아입었다. 모든 준비가 끝나고 우리는 입장을 기다렸다. 하지만 한참을 기다려도 소식이 전해지지 않았다. 아침부터 후덥지근한 날씨와 긴 기다림에 모두들 지쳐 가고 있었다.

"에케르, 무슨 일인지 한번 다녀오는 게 좋겠소."

황 집사 어르신이 에케르트에게 넌지시 말했다.

"오케이. 내가 금방 다녀올게. 잠깐만 웨이트 해요."

에케르트가 화려한 양복과 드레스로 치장한 서양 사람들이 있는 무대 쪽으로 조용히 사라졌다. 그러고는 한참 뒤에 돌아와서 놀라운 소식을 전했다.

"황 대장, 큰일 났어. 황제랑 황태자가 아직 도착을 안 했어. 황제 화나서 안 온대."

"그게 시방 뭔 소리여? 그럼 황태자 전하는?"

만식이 아재는 흥분해서 에케르트에게 다그치듯 말했다.

"파더가, 그러니까 황제가 안 온다고 하니까 황태자도 같이 안 오겠다고 했대. 그런데 일본 관리는 권정례로 곧 식이 시작한다고 했어."

악실의 분위기가 무겁게 가라앉았다.

"김윤, 권정례가 뭐야?"

나는 침울한 분위기에 속삭이듯 김윤에게 물었다.

"황제 폐하와 황태자 전하가 직접 참석하지 않고 대리인을 세워 식을 치른다는 뜻이다."

김윤의 목소리는 잔뜩 풀이 죽어 있었다. 얼마쯤 지났을까? 장악과 관리가 다급하게 악실로 들어왔다.

"오늘 진하의에서 전정궁가 악단의 연주는 없다. 권정례로 치러지는 식이기 때문에 음악 없이 빠르게 진행할 것이다."

악공들이 대기하던 악실은 순식간에 얼어붙었다. 모두가 손에 쥔 악기를 내려놓으며 믿기 어렵다는 표정으로 서로를 바라보았다.

"악단 연주가 없다니? 명색이 황실의 행사인데 황실 음악을 책임지는 우리가 연주하지 않는다는 게 말이 되는겨?"

누군가 낮게 중얼거렸다. 그 말이 떨어지기가 무섭게 무거운 침묵이 공간을 짓눌렀다. 황실 음악을 담당하는 장악과에서 이토록 중요한 의식에 악단을 제외하다니, 한 번도 없었던 일이라고 했다.

가슴이 터질 듯한 답답함과 초조함이 몸을 휘감았다. 나는 김윤을 쳐다봤다. 태평소를 꼭 쥔 채, 손가락을 가만두지 못하는 걸 보아 김윤도 나만큼 불안해 보였다. 하지만 할 수 있는 건 아무것도 없었다.

어젯밤, 행사에 참석하지 않을 거라고 했던 황태자의 말이 떠올랐다. 지금 어떻게 하고 있을지 걱정이 되어 자리에 가만히 앉아 있을 수가 없었다. 나는 이를 악물고 자리에서 일어났다. 김윤도 조용히 나를 따라나섰다.

중화전에서는 일본이 조작한 주인 없는 가짜 양위식이 아무런 저항 없이 진행되고 있었다. 궁 안의 공기는 비현실적으로 고요했고, 원래 있어야 할 장엄한 취타대의 음악도 없었다. 더는 볼 필요도, 가만히 보고 있을 수도 없었다. 김윤과 나는 발걸음을 재촉하다 대한문을 향해 달렸다.

성난 민심의 불길

"호외*요, 호외! 황제 폐하가 권정례로 황태자 전하께 양위하셨어요. 호외요!"

덕수궁의 돌담 밖에서는 황제의 양위식이 권정례로 치러지고 있다는 소식이 백성들에게 전해졌다.

"권정례가 무슨 말이여? 황제가 뭘 했다는 것이여?"

호외를 읽던 사람들은 내용의 심각성을 잘 모르는 것 같았다. 나는 사람들을 향해 소리쳤다.

"황제 폐하는 황태자 전하께 대리청정을 시키려는 거였어요. 그

❋ 호외(號外) : 특별한 일이 있을 때에 임시로 발행하는 신문이나 잡지

런데 일본 놈들이 폐하를 협박해 왕위를 뺏고, 황제 폐하랑 황태자 전하가 참석하지도 않은 가짜 양위식을 진행하고 있어요. 양위식은 모두 가짜 연극이라고요!"

거리에 모인 사람들이 술렁이기 시작했다.

"그게 사실이란 말이여? 이런 쳐 죽일 놈들을 봤나. 이대로 있어서야 되겠소?"

"이게 다 총리대신 이완용이 저지른 짓이여. 이완용이 황제를 쫓아낼 거라는 소문이 사실이었구먼."

"당장 매국노 이완용을 처단하러 갑시다. 지금 당장!"

성난 군중들이 우르르르 몰려갔고, 김윤과 나는 그 인파에 휩쓸려 어딘가로 향했다. 우리가 도착한 곳은 덕수궁에서 그리 멀지 않은 곳에 있는 대궐 같은 기와집 앞이었다.

"김윤, 여기가 어딘데? 사람들이 왜 몰려온 거야?"

"이완용의 집이야. 일본의 앞잡이 매국노 이완용 말이다."

김윤의 두 눈에서 뜨거운 불길이 이글거렸다.

항상 잔잔한 호수 같던 김윤의 눈이 성난 불기둥처럼 일렁였다. 사람들은 대문을 부수고 들어가 집 여기저

기에 불을 지르고 돌멩이를 던졌다. 순식간에 불길이 하늘 높이 치솟았다. 나도 길바닥에서 커다란 돌멩이를 집어서 불타고 있는 집 안으로 던졌다. 쨍그랑! 장독대가 와장창 깨지는 소리가 들렸다.

불길은 이완용의 저택을 집어삼키며 거센 기둥처럼 솟아올랐다. 기와지붕은 뜨거운 열기에 갈라졌고 타들어 가는 목재가 쾅! 쾅! 소리를 내며 무너져 내렸다. 시꺼먼 연기가 하늘을 향해 굽이쳤다. 멀리서 지켜보던 군중 속에서 누군가 외쳤다.

"역적의 집이 불타고 있다!"

"매국노의 가족들을 모두 잡아라!"

여기저기서 사람들의 함성이 터져 나왔다. 타닥타닥 쿠쿵 집이 타들어 가는 불꽃 소리와 촤아악 촤아악 집 안에서 일하는 사람들이 양동이로 들이붓는 물소리가 오래도록 들렸다. 나는 이렇게라도 황태자의 복수를 해 준 것 같아서 조금은 후련했다.

얼마 뒤, 사람들은 불타는 이완용의 집을 뒤로한 채, 가짜 양위식이 열리는 덕수궁으로 몰려갔다. 덕수궁 돌담 너머에는 아직도 거짓과 침묵 속에서 양위식이 진행되고 있었다. 성난 사람들은 그곳을 향해 분노와 울분을 담아 더욱 격렬하게 외쳤다.

"이완용을 죽여라!"

"황제 폐하를 지켜라!"

덕수궁의 돌담이 마치 두 개의 세계를 가르는 장벽처럼 성난 군중과 궁궐을 나누고 있었다. 나와 김윤도 흥분한 군중들 속에서 목이 터져라 외쳤다.

"이완용을 처단하라!"

다음 날, 도성에서 일어난 이완용의 집 방화 사건으로 연습실이 떠들썩했다.

"야그 들었는가? 이완용네 집이 홀라당 불타 버렸다는구먼. 성난 백성들이 몰려가서 다 불 질러 버렸디아. 일본 놈들 편에 서서 임금님을 저리 내쫓았으니 천벌을 받은거."

만식이 아재의 말에 형겊으로 징을 열심히 닦던 춘복이 아재가 물었다.

"진짜여? 어제 약현 쪽에서 나던 시커먼 연기가 그 불이었는 갑네. 집이 홀랑 불타 버렸으면 이완용 그 쳐 죽일 놈은 시방 어디 있는겨?"

"소문에는 가짜 양위식이 끝나고 이토 히로부미가 이완용을 자동차로 태워서 피신시켰다고 허드만. 왜놈들 보호 아래 지내고 있나벼. 시방 일본 놈들이 방화 사건의 주동자를 찾는다고 눈에 시뻘겋게 불을 켜고 댕긴다고 하네."

옆에서 잠자코 아재들의 대화를 듣고 있던 나는 걱정이 돼서 손발이 덜덜 떨렸다.

"주동자를 찾는다고요? 왜요? 사람이 엄청 많았는데 어떻게 찾아요?"

혹시라도 그 자리에 있었던 게 들통이라도 나서 일본 군인들에게 끌려갈까 봐 불안했다. 만식이 아재가 의심 어린 눈초리로 나와 김윤을 쳐다봤다.

"시방 뭐시여? 혹시 지민이 너 그 자리에 있었던 것이냐? 그러고 보니 어제 연습실에 왔을 때 옷에서 무신 탄 냄새가 났던 것 같은디. 아니지?"

그때 끼이익 문소리가 났다. 나는 너무 놀라서 심장이 덜컥 내려앉는 줄 알았다. 혹시라도 일본 군인들이 들이닥칠까 봐 문 쪽을 노려보았다. 등에서 식은땀이 한 줄기 흘러내렸다.

문을 열고 들어온 사람은 다름 아닌 순이였다. 나는 반가움과 놀라움에 입이 다물어지지 않았다.

"왐마. 이게 시방 뭔 일이다냐? 어찌 궁녀가 이곳 악실까지 오셨당가?"

춘복이 아재는 주위를 두리번거리며 순이에게 물었다. 순이는 고개를 꾸벅하고 인사를 했다.

"저는 황제 폐하 처소의 지밀나인입니다. 폐하께서 박지민을 데려오라 하셨습니다."

연습실 안이 순식간에 얼어붙었다. 갑자기 빙하기가 찾아온 듯한 정적이 흘렀다. 나 역시 너무 놀란 나머지 순이의 얼굴을 빤히 쳐다만 보았다.

"폐하께서 갑자기 지민이를 왜 찾는다는 것이오? 이 아이를 어찌 아시고?"

황 집사 어르신이 순이에게 채근하듯 물었다. 하지만 순이는 자기도 모른다며 그냥 지금 데려오라고만 하셨다고 말했다.

"긍께 시방 지민이 야가 어제 이완용 그 썩을 놈의 집에 참말로 불을 지른 것이냐? 그게 들통나서 시방 잡혀가는 거여? 워매 어쩐다냐?"

춘복이 아재는 당황했는지 사투리가 더 심해졌다.

"에이, 잡으러 올 거면 궁녀가 아니라 군사를 보냈겠죠. 다녀올게요. 뭐 하실 말씀이 있으신가 보죠. 폐하께서 제 소문을 들으셨나? 진짜 황실 취타대에 스카우트라도 하시는 거 아닌가 모르겠네. 하하하."

나는 일부러 농담을 하며 순이를 따라나설 채비를 했다.

"진짜 혼자서 괜찮겠냐?"

김윤이 내 팔을 잡으며 나지막이 물었다. 나는 고개를 끄덕이며 씩 웃어 보였다. 사실 일본 군인들이 잡으러 왔다면 겁을 먹었겠지만 다른 사람도 아니고 내가 춤을 가르치던 황태자가 아닌가.

말은 그렇게 했지만 속으로는 불안함이 스멀스멀 퍼졌다. 대체 무슨 일로 이렇게 공개적으로 나를 찾는 걸까? 정말 어제의 방화 사건 때문인가? 생각이 꼬리에 꼬리를 물며 끝없이 이어졌다.

"그런데 어찌 폐하께서 너를 아는 것이야? 사실 나도 폐하 입에서 네 이름이 나와서 엄청 놀랐단다."

순이가 덕수궁의 돌담길을 따라 걸으면서 물었다.

"어? 아 그게, 우연히 만나서 알게 됐는데 지금은 좀 특별한 관계라고나 할까? 그리고 내가 듣기로는 네가 나랑 김윤의 얘기를 폐하께 했다고 하던데."

"그랬지. 그래서 아시는 건가? 아무튼 좀 놀라긴 했어. 우리 폐하께서 좀처럼 누굴 먼저 찾는 분이 아니신데 요즘 좀 변하신 것 같기도 하고."

"변해? 어떻게?"

"좀 밝아지신 것 같기도 하고, 궁금한 게 많이 생기신 건지 질문도 많아지신 것 같고."

"그런데 폐하께서 왜 나를 찾는지 너도 이유를 몰라? 알면 힌트

좀 주면 안 될까?"

 "힌트? 그것이 무엇인데? 그리고 난 심부름만 하는 거지 이유는 모른단다."

 순이는 보기만 해도 기분 좋아지는 반달 같은 눈웃음을 지어 보였다. 황제가 된 순종을 만나러 가는 길 옆에는 정갈한 돌담길이 쭉 늘어서 있었다. 수백 년의 세월 동안 조선의 아픔을 묵묵히 지켜봐 온 돌담길이 왠지 마음에 걸렸다.

 덕수궁 돈덕진에 도착한 뒤 순이는 나이가 많아 보이는 상궁에게 귓속말로 무언가를 속삭였다. 그 상궁은 나를 위아래로 훑더니 다가와 조용히 말했다.

 "들어가서는 폐하께 깍듯이 예를 갖춰야 한다. 알겠느냐."

 황 집사 어르신을 처음 봤을 때 느꼈던 강한 포스가 느껴졌다. 나는 대답 대신 고개를 연신 끄덕였다.

 "폐하, 황실 취타대의 박지민이 들었습니다."

 "들라 하라."

 안에서 낮고 힘없는 황제의 목소리가 들렸다. 순이는 방긋 웃으며 내게 들어가라는 손짓을 했다. 궁녀들이 닫힌 문을 양옆으로 열자 반쯤 기울어진 자세로 앉아 있는 순종 황제의 모습이 보였다. 어딘지 불편해 보였다.

"폐하, 안녕하십니까? 저를 부르셨다고요."

항상 달빛 아래 연못가에서만 보다가 황제의 방에서 보니 왠지 모를 위압감이 느껴졌다. 나는 두 손을 가지런히 모으고 방바닥만 보고 서 있었다.

"왔느냐? 얼굴을 보니 내가 불러 많이 놀란 모양이구나. 허허허. 가까이 와서 앉거라."

순종 황제는 입으로는 웃고 있었지만 목소리에는 힘이 하나도 없었다. 황제의 웃음소리를 듣자 그제야 긴장이 스르륵 풀렸다.

"아니, 우리의 만남은 일급비밀이잖아요? 그런데 갑자기 대낮에 사람들 많은 곳에서 찾으시니 당연히 놀라죠. 전 일본군한테 잡혀가는 줄 알았습니다."

"잡혀가다니? 무슨 잘못이라도 한 것이냐?"

순종 황제의 눈빛이 반짝였다.

"비밀 지켜 주실 거죠? 아니, 무슨 일이 생기면 저랑 김윤을 꼭 도와주셔야 해요. 이건 순전히 폐하 때문에 생긴 일이거든요."

나는 어제 성난 백성들과 함께 이완용의 집에 불을 지르고 돌을 던진 이야기를 빠짐없이 전했다. 한참을 심각한 얼굴로 내 이야기를 듣던 순종 황제는 두 주먹을 불끈 쥐었다.

"과인*은 백성들을 위해 아무것도 해 준 게 없는 데 그리 분노했

단 말이지? 부끄러워 고개를 들 수가 없구나."

"이제 황제 폐하가 되셨으니 뭐든 하시면 되지 않습니까?"

"원통하게도 황제가 되었어도 내 맘대로 할 수 있는 게 아무것도 없구나."

한 나라의 황제라면 엄청난 권력을 가졌을 텐데 왜 아무것도 못 한다고만 하는지 이해가 되지 않았다. 왕이면, 아니 황제라면 권력을 마음대로 쓸 수 있을 텐데 말이다.

"그런데 폐하, 왜 저를 찾으셨어요? 춤 배우는 건 이따 밤에 하는 거 아니었습니까?"

"너와의 약속을 지킬 때가 온 것 같구나."

"약속이라면 혹시?"

마침내 그날인가? 나는 긴장감에 입술이 바짝바짝 타들어 갔다.

❖ **과인(寡人)** : 덕이 적은 사람이라는 뜻으로, 임금이 자기를 낮추어 이르던 말

회중시계의 비밀

"이것이 네가 찾던 것이냐?"

순종 황제는 팔을 기대고 있던 탁자의 서랍을 열더니 파란색 보자기로 싼 물건을 하나 꺼냈다. 보자기를 펼치자 황금색 회중시계가 놓여 있었다.

"회중시계다! 이제 집에 갈 수… 아니 그게 말이죠, 제가 한 번 봐도 됩니까?"

나는 흥분해서 말까지 더듬었다. 황제는 말없이 고개를 끄덕였다. 나는 회중시계를 덥석 집어서 이곳저곳 살펴보았다. 뚜껑에는 커다란 꽃잎 모양이 새겨져 있었고 뒷면에는 익숙한 스크래치가 보였다. 서둘러 뚜껑을 열었다. 그 한자까지 똑같았다.

"제가 잃어버린 회중시계가 맞아요. 틀림없어요."

그런데 웬일인지 순종 황제는 점점 의아하다는 표정을 지었다.

"그런데 말이다. 어찌하여 내 어머니의 유품이 네 손에 들어간 것인지 묻지 않을 수가 없구나. 어찌 네가 황실의 물건을, 그것도 내 어머니의 유품을 가지고 있었던 것이냐?"

내가 주운 회중시계가 순종 황제 어머니의 유품이라고? 그러니까 일본 놈들에게 목숨을 빼앗긴 명성황후의 시계?

"네? 이게 폐하의 어머니 것입니까? 전 그저 주웠을 뿐입니다. 누구 것인지는 정말 몰랐습니다."

"이 시계는 내 어머니가 남기신 유품이니라. 얼마 전까지 내 시계방에 보관되어 있었는데 갑자기 흔적도 없이 사라져서 나도 찾는 중이었지. 설마 도둑질을 한 것이냐?"

"아니에요. 전 진짜 몰랐어요. 덕수궁 낡은 창고에서 주웠다니까요."

"덕수궁은 처음 들어 보는 이름인데? 덕수(德壽)라. 덕이 높고 오래 산다. 어쨌든 좋은 뜻이구나."

"지금은 경운궁이지만 제가 온 곳에서는 덕수궁이라고 부른답니다. 정말이에요. 저도 이 시계 때문에 백 년의 시간을 거슬러 낯선 대한 제국으로 오게 돼서 너무 황당할 뿐이라고요."

"백 년의 시간을 거슬러 왔다고? 그게 무슨 말이냐? 하나도 빠짐없이 사실대로 고하거라."

순종 황제의 얼굴이 차갑게 굳었다. 평소에 보던 인자한 모습이 아니었다. 나는 살기 위해 있는 그대로 털어놓기로 마음먹었다.

"정말 거짓 없이 말씀드릴 테니 믿기 어려우시겠지만, 꼭 믿어 주셔야 합니다. 그러니까 제가 말이죠……."

나는 그동안의 일들을 하나도 빠짐없이 털어놓았다. 묵묵히 내 말을 듣고 있던 순종 황제의 표정이 시시각각 변했다. 한동안 무거운 침묵 속에 잠겨 있던 순종 황제가 드디어 입을 열었다.

"참으로 놀랍구나. 네가 시간을 거슬러 온 자라니. 처음 봤을 때부터 이상하다 생각했다. 황태자인 나를 무서워하거나 어려워하지도 않고 감히 춤을 가르쳐 준다고 나설 때도 신기하다 했지. 정녕 내 어머니가 너를 나에게 보내신 건가?"

"네? 제가 어찌 폐하의 어머니를 알겠습니까? 사실 제가 역사를 잘 몰라서……. 돌아가면 이제부터는 열심히 공부할 거예요. 진짜로요."

"그런데 말이다. 네가 왔다는 미래의 대한 제국은 어떠하냐? 일본의 손아귀에서 아직도 벗어나지 못한 것이냐?"

순종 황제의 눈빛이 흔들렸다. 김윤도 내가 시간 여행자라는 이야기를 듣고는 그걸 가장 먼저 물었는데, 순종 황제 역시 같은 질문을 했다.

"폐하, 대한 제국은 더 이상 일본의 지배를 받지 않습니다. 중간에 꽤 힘든 시기가 있었지만 결국 독립을 한답니다. 그리고 누구의 지배도 받지 않는 강한 나라가 되었습니다."

"다행이구나. 정말 다행이야. 살면서 들었던 말 중에 가장 기분 좋은 말이구나."

순종 황제의 목소리가 떨렸다. 눈가에는 촉촉한 눈물이 맺혀 금방이라도 흘러내릴 것 같았다.

"그런데 이 글은 원래 없던 글귀니라. 네가 새겨 넣은 것이냐?"

"아닙니다. 맹세코 제가 발견했을 때부터 있었어요. 사실 어려운 한자라서 전 무슨 말인지도 모르는걸요."

"古今一體 時門相連(고금일체 시문상련)이라. 과거와 현재는 하나이니, 시간의 문은 서로 이어진다는 뜻이니라."

"그런 뜻이었습니까? 그런데 잠시만요."

나는 더 이상 순종 황제의 말이 귀에 들어오지 않았다. 회중시계가 눈앞에 있는데 돌아가는 걸 망설일 이유가 없었다. 나는 눈치를 살피면서 시계의 태엽을 조심스레 돌렸다. 이제 곧 하얀빛이 새어 나오고 초침이 빠르게 돌면서 음악이 나오겠지? 태평소 소리를 시작으로 취타대의 연주 소리가. 하나, 둘, 셋… 넷, 다섯, 여섯… 일곱, 여덟……. 아!

하지만 아무리 숫자를 세 보아도 시계는 꿈쩍도 하지 않았다. 하얀 불빛도 태평소 소리도 어떤 징후도 보이지 않았다. 이럴 수는 없다. 평생 이곳에서 살아야 하는 건가? 다시는 엄마도 못 보고 친구들도 못 만나고, 저스트 댄스 공연도 못 하는 건가? 나는 다리에 힘이 풀리면서 그대로 주저앉았다.

"안 돼! 움직여! 움직이라고. 왜 가만히 있는데? 진짜 너무하잖아. 으아아아아앙."

나는 자리에 주저앉아서 어린애처럼 큰 소리로 목 놓아 울었다. 그런 나를 보고 순종 황제는 당황해서 어쩔 줄 몰라 했다.

"갑자기 왜 이러는 것이냐? 내가 너를 혼내려는 것이 아니니 진정하거라."

"시계가 안 움직여요. 다시 집으로 돌아가야 하는데 시계가 안 움직인다고요. 나 이제 진짜 못 돌아가는 건가요? 엄마한테 진짜 혼날 텐데. 아니, 잔소리해도 좋으니까 엄마 보고 싶은데……. 으아아아앙."

순종 황제는 내게 다가와 조용히 등을 토닥여 주었다. 얼마쯤 지났을까? 폭풍우가 치던 마음이 조금은 진정되었다.

"나도 어마마마가 사무치게 보고 싶구나. 너처럼 소리 높여 울 수 있으면 좋으련만. 울지 말거라. 다른 방법이 있겠지."

나는 콧물을 훌쩍이며 순종 황제를 바라보았다. 나는 엄마를 곧 볼 수 있다는 희망이라도 있는데 순종 황제는 살아서는 다시는 어머니를 볼 수 없다는 생각을 하자 조금 전 어리광을 부린 게 미안해졌다.

"이 시계는 대한 제국처럼 멈춰 버린 것 같구나. 내 이선의 왕들이 피땀 흘려 이뤄 놓은 찬란하고 영광스러운 시간을 내가 멈춰 버렸구나. 고장 난 시계처럼 만들어 버렸구나."

순종 황제는 무릎 사이로 깊이 고개를 묻은 채, 미동도 하지 않았다. 무슨 말로든 위로해 주고 싶었는데 어떤 말을 해야 할지 잘 떠오르지 않았다.

"폐하, 시계가 멈췄다고 시간이 멈춘 건 아니에요. 지금 이 순간에도 시간은 흐르고 있다고요. 고장 난 시계는 고치면 돼요. 여기서 포기하시면 안 되죠."

이대로 포기할 수는 없었다. 나를 위해서라도 반드시 고장 난 회중시계를 고쳐야 했다.

일본군이 어머니의 목숨을 앗아 간 것도 모자라, 자신을 호시탐

탐 노리는 독살 위험 속에서 살아간다는 것이 얼마나 힘들지 감히 짐작도 되지 않았다. 하지만 병약하고 무기력한 황태자를 보고 있으면 때때로 울화통이 터지기도 했다.

"과인이 할 수 있는 일이 뭐가 있단 말이냐? 저리 일본 놈들이 도끼눈을 하고 나를 감시하고 있거늘. 이미 우리는 길을 잃었느니라."

"희망을 주는 일이요. 지금은 비록 나라에 힘이 없어 고통의 시간을 보내고 있지만, 다 같이 힘을 모아 싸운다면 곧 좋은 날이 올 거라는 희망이요. 잘은 모르겠지만 그게 바로 폐하가 해야 할 일이 아닐까요? 백성들이 포기하지 않았는데 황제가 포기하면 안 되잖아요."

순종 황제는 깊이 숨을 들이마셨다. 그리고 천천히 회중시계를 어루만지며, 결연한 눈빛으로 나를 바라보았다.

"시간을 넘어온 어린 너도 이렇게 포기하지 않으려는 의지가 분명하거늘 과인이 너를 보기가 한없이 부끄럽구나. 내 비록 일본에 권력을 빼앗긴 허울뿐인 황제이지만, 조선에서 이어진 전통과 문화만은 지켜야겠구나."

순종 황제의 목소리는 낮았지만, 흔들림 없는 각오가 느껴졌다.

"그렇다면 폐하, 황실 취타대가 제대로 연주할 수 있게 해 주시면 안 됩니까? 지난번에 폐하를 위한 연주를 못 해서 다들 분해하고 있거든요."

"알겠다. 반드시 방법을 찾아보마. 그리고 이건 내가 주는 선물이다."

순종 황제는 따뜻한 눈길로 나를 바라보며 내 손바닥에 회중시계를 건네주었다.

"이걸 진짜 저한테 주시는 거예요? 어머니의 유품이라면서요? 폐하께 엄청 소중한 물건 아닙니까?"

"이 시계에 네가 온 시간으로 돌아갈 수 있는 단서가 있다고 하지 않았느냐? 너는 네 어머니가 기다리는 곳으로 돌아가야 하지 않겠느냐?"

나는 회중시계를 행여 놓칠세라 손에 꽉 쥐었다. 뚜껑에 새겨진 오얏꽃의 감촉이 손끝에서 미세하게 느껴졌다.

시간을 잇는 소리

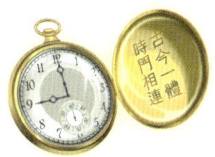

1907년 8월 27일, 순종 황제의 즉위식 아침이 밝았다. 가짜 즉위식이 아닌 진짜 즉위식이었다. 아침부터 악실은 시끌벅적 생동감이 흘러넘쳤다.

춘복이 아재는 다쳤던 팔이 어느 정도 나아서 다시 징을 잡을 수 있게 되었다. 징채를 춘복이 아재에게 넘겨주자 무거운 갑옷을 벗어 던진 것처럼 마음이 홀가분했다.

취타대 단원들은 아침 일찍부터 멋지게 연주복으로 갈아입고 마지막으로 악기를 점검하느라 여념이 없었다. 아재들은 화려한 황색 철릭을 단정하게 차려입고 넓은 남색 허리띠를 둘렀다. 머리에는 붉은 술이 달린 노란 전립을 쓰고, 발에는 검은색 가죽신을 신었다. 황 집사 어르신은 붉은 상모*가 달린 검은 전립을 쓰고, 황색, 홍색이 섞인 전복*을 입었다. 노랑, 빨강, 파랑, 검정의 강렬한 색상들이 취타대의 위엄을 더욱 돋보이게 했다.

나는 연주를 앞둔 취타대 단원들을 일일이 찾아다니며 응원의 말을 건넸다.

"춘복이 아재, 아직 팔이 다 나은 게 아니니까 살살 쳐요. 괜히 힘자랑한다고 세게 치다가 다시 팔 부러지지 말고. 알았죠?"

"그리도 못 미더우냐? 그라지 말고 지민이 네가 다시 징채 잡으까나? 시방 내가 징채만 이십 년이여. 아따, 요 하룻강아지가 호랭이 무서운 줄도 모르고 징채 몇 번 잡았다고 잔소리를 해 쌓네. 허허."

춘복이 아재는 내 머리를 장난스럽게 흐트러뜨리며 크게 웃었다.

"아니, 제 말은 조심해서 나쁠 게 없다는 거죠. 그리고 만식이 아재! 모자가 비뚤어졌잖아요. 반듯이 써야죠. 아니 다들 왜 이렇게 긴장을 안 해요? 나만 긴장되나? 오늘 엄청 중요한 날이잖아요. 황제 폐하의 진짜 즉위식인데. 황실 취타대도 멋지게 보여야죠."

나는 손을 뻗어 만식이 아재가 비뚤어지게 쓴 모자를 반듯하게

❋ 상모(象毛) : 전립이나 창 등에 다는 털 장식
❋ 전복(戰服) : 조선 후기에 무관들이 입던 옷

매만졌다.

"야가 아침부터 이 사람 저 사람 쫓아댕김시롱 참견하느라고 욕보는구먼. 이러다 황 집사 어르신한테도 잔소리하겠어. 허허."

"에이, 아재도 참. 제가 어찌 황 집사 어르신한테 잔소리를 해요. 농담도 참. 근데 욕을 왜 봐요?"

내가 눈을 동그랗게 뜨고 만식이 아재를 쳐다보자 옆에서 김윤이 내 팔을 툭 쳤다.

"고생이 많다는 소리다."

"아! 난 또. 괜히 긴장했네. 히히. 김윤 너도 실수 안 하고 잘할 수 있지? 아니다, 내가 다른 사람은 몰라도 김윤 너는 확실히 믿는다."

"믿어 줘서 고맙긴 한데 사실은 나도 이상하게 떨리고 긴장이 되는구나."

그러고 보니 평소의 김윤답지 않게 살짝 긴장한 모습이었다. 천재 소리를 듣는 김윤도 황제의 즉위식 같은 큰 행사는 긴장이 되는 것 같았다.

"너답지 않게 긴장하기는. 하지만 나는 네가 잘할 거라는 거 알아. 그동안 모두 진짜 열심히 연습했잖아."

"고맙다. 맨날 장난만 치더니 오늘은 어찌 좀 철이 든 것 같기도 하네. 하하."

"이게 진짜. 칭찬을 해 줘도 난리야."

나는 김윤의 팔뚝을 주먹으로 툭 치는 시늉을 했다.

"지금 몇 시지? 이제 나갈 채비 해야 하는 거 아냐?"

나는 주머니에 있던 회중시계를 꺼내 시간을 확인했다. 하지만 회중시계는 여전히 움직이지 않았다.

"그 한자 말이다. 古今一體 時門相連(고금일체 시문상련)."

김윤이 내 손에 들린 회중시계를 빤히 쳐다보며 나지막이 중얼거렸다.

"과거와 현재는 하나이니, 시간의 문은 이어진다? 이건 너와 나를 얘기하는 건가?"

"어? 너랑 나? 왜?"

나는 혹시나 김윤이 시계의 비밀을 풀 수 있지 않을까 하는 기대감에 되물었다.

"네 입장에서 보면 과거가 분명 내가 있는 대한 제국일 터이고, 현재는 네가 온 미래겠지. 시간의 문을 건너서 이곳으로 와 과거의 나를 만났으니 말이다. 뭔가 우리 이야기 같지 않으냐?"

"그러네. 그러면 김윤, 이 시계는 어떻게 다시 움직이게 할 수 있어?"

"그거야 나는 모르지."

김윤이 나를 보고 해맑게 웃었다. 나는 어이가 없었다. 빵빵하던 풍선에서 갑자기 바람이 빠지듯, 내 안에 있던 설렘과 기대가 한순간에 스르르 사라져 버렸다.

순종 황제의 진짜 즉위식은 돈덕전에서 열렸다. 전정궁가 악공들은 이미 무대에 올라 있었고, 황실 취타대는 황제와 함께 입장하기 위해 돈덕전 서쪽에 있는 악실에서 준비 중이었다. 나는 한쪽 구석에서 식을 지켜보았다.

드디어 황실 취타대의 시간이었다.

"명금일하 대취타 하랍신다!"

"예이!"

황 집사 어르신의 우렁찬 선창과 함께 황실 취타대의 〈대취타〉가 힘차고도 장엄하게 돈덕전 마당을 가득 메웠다. 순종 황제는 화려한 옷을 갖춰 입고, 장엄한 음악 속에서 천천히 돈덕전 계단 위를 걸어 임금이 앉는 자리에 올랐다.

잠시 음악이 멈추고, 참석자들이 모두 순종 황제를 향해 고개 숙여 예를 갖췄다. 사극에서 보니까 바닥에 엎드려서 큰절을 하던데 그냥 가볍게 목례만 했다. 대한 제국 황제의 즉위식인데 모두가 서양식으로 고개만 숙여 인사를 하는 장면이 왠지 낯설게 느껴졌다.

황제만큼이나 화려한 의복을 갖춰 입은 총리대신 이완용이 즉위식을 축하하는 글을 큰 소리로 낭독했다.

그다음으로 전정궁가에서 음악을 연주했고, 참석자들이 다시 허리를 굽혀 순종 황제에게 인사를 했다. 계속 전정궁가의 음악이 연주되는 동안 갑자기 순종 황제가 자리에서 일어나더니 어디론가 사라졌다. 순간 가슴이 철렁했다. 설마 이 상황이 싫다고 도망치는 건 아닌지 내심 불안했다.

그런데 잠시 뒤, 검정색 옷으로 갈아입은 순종 황제가 다시 등장했다. 내가 가지고 있는 프린트물 속 순종 같은 모습이었다. 번쩍거리는 메달과 배지가 잔뜩 달린 서양식 옷을 입은 순종 황제의 표정은 화려한 옷과는 대비되게 시종일관 어두워 보였다.

나는 다시 돌아온 순종 황제를 보고 안도의 한숨을 내쉬었다. 다시 자리에 앉은 순종 황제에게 각국의 영사들이 나서 축하 글을 낭독했다.

다음으로 에케르트가 이끄는 양악대의 애국가가 연주되었다. 양악대가 서양식 금관 악기와 타악기로 연주하는 애국가는 웅장하고 장엄하면서도 경쾌한 행진곡 느낌도 났다. 하지만 나는 앞으로 대한 제국의 어두운 앞날이 떠올라 마음이 복잡했다. 애국가를 들으며 자리에 앉은 순종 황제를 바라봤다. 황제는 시종일관 굳은 표정으로 단상 아래를 내려다보고 있었다. 그러다 어느 순간 나와 눈이 마주쳤다. 순종 황제가 나를 보고 희미하게 웃는 것처럼 보였다.

어느새 애국가 연주가 끝나고 이완용의 선창에 맞춰 참석자들이 모두 외쳤다.

"만세, 만세, 만만세!"

나는 무의식적으로 주머니에 손을 댔다. 그런데 순간, 손끝에 닿은 회중시계가 이상하리만큼 뜨겁게 느껴졌다. 심장이 덜컥 내려앉았다. 망설일 틈도 없이 서둘러 회중시계를 꺼내 들었다. 앗, 하필 이때. 지금은 안 되는데. 다들 인사도 못 했는데.

나는 허둥대며 눈으로 전정궁가 단원들 속에서 취타대 악공들을 찾았다. 황 집사 어르신 옆에 춘복이 아재와 김윤의 모습이 보였다. 나는 김윤을 향해 계속 텔레파시를 보냈다. 김윤! 제발 나를 좀 봐. 제발 날 보란 말이야.

내 텔레파시가 통한 걸까? 거짓말처럼 김윤이 내 쪽을 바라보았다. 그리고 놀랐는지 눈을 크게 떴다. 나는 김윤을 향해 회중시계를 보여 주며 손을 흔들었다.

"김윤, 잘 있어! 고마웠어. 잊지 않을게!"

곧이어 순종 황제가 자리에서 일어나 천천히 계단을 걸어 내려와 퇴장했다. 황실 취타대도 〈대취타〉를 연주하며 그 뒤를 따랐다.

나는 얼른 구석으로 가 회중시계의 태엽을 힘주어 감았다. 회중시계에서 하얀빛이 새어 나오기 시작했다. 초침이 점점 빨라지더니 빙글빙글 회오리를 치듯이 돌았다. 이곳에 올 때와 모든 게 같았다. 회중시계의 하얀 불빛이 점점 더 강해졌다. 나는 천천히 눈을 감았다. 눈부신 하얀빛이 내 얼굴로 한꺼번에 뿜어져 나왔다. 그리고 황실 취타대의 장엄하고 웅장한 〈대취타〉 선율이 울려 퍼졌다.

둥! 둥! 둥! 빠바밤!

"박지민! 박지민! 지민아!"

누군가 나를 애타게 부르고 있었다. 얼핏 들리는 내 이름에 놀라 잠에서 깼다. 나는 낡은 창고 안에 쓰러져 있었다. 여전히 취타대 한복을 입은 채로.

뭐지? 아직 대한 제국인 건가? 나는 혹시나 하는 불안감에 서둘러 창고 문을 열고 밖으로 뛰쳐나갔다. 심장이 콩닥콩닥 널뛰기를 했다. 문을 열자마자 환한 불빛이 내 얼굴로 쏟아졌다. 덕수궁 주위를 둘러싼 고층 건물들이 거인처럼 나를 내려다봤다.

"아! 서울이다. 드디어 돌아왔다."

나는 다리에 힘이 빠져서 그 자리에 털썩 주저앉았다. 손에 쥐고 있던 회중시계는 어느새 차갑게 식은 채 어떠한 움직임도 없이 다시 멈춰 있었다. 눈물이 왈칵 쏟아졌다. 지나가던 사람들이 흘끔거리며 나를 쳐다봤다. 그때 땀범벅이 된 할아버지가 나를 보고 한달음에 달려왔다.

"지민아, 도대체 어떻게 된 거야. 무슨 일이야?"

"할아… 할아버지……. 흐어어엉."

"왜 그래? 무슨 일이야? 괜찮아. 이 할애비가 있으니까 괜찮아."

할아버지가 어린아이처럼 바닥에 앉아 엉엉 우는 나를 꼬옥 안아 주었다. 나는 한참을 할아버지에게 안겨서 울었다.

할아버지 말에 의하면 나는 다섯 시간 동안 행방불명되었다고 했다. 내게 계속 전화를 했지만, 전화기가 꺼져 있다는 메시지만 나왔다고 했다. 할아버지는 박물관 일행들을 돌려보내고 두 시간 넘게 혼자서 나를 찾아다녔다고 했다. 여섯 시가 되어도 못 찾아서 경찰에 신고하려던 참이라고 했다.

나 때문에 고생해서 그런지 아침보다 할아버지의 주름이 더 깊게 패인 것 같았다. 과거에서 한 달이 넘게 있다가 왔는데 여긴 고작 다섯 시간밖에 안 지났다니 그게 더 놀라웠다.

"죄송해요. 더워서 쉰다는 게 깜박 잠이 들었나 봐요."

"우리 귀한 손주 잃어버린 줄 알고 이 할애비 애간장이 다 녹는 줄 알았다. 무사해서 다행이다. 이렇게 찾았으니 되었고."

"할아버지 태평소 소리 가지고 이상하다고 한 것도 죄송해요. 할아버지 태평소 소리 멋있어요. 하나도 후지지 않아요."

"뭐라고? 우리 손주가 많이 놀랐구나. 어여 집에 가자. 엄마가 왜 안 오나 하고 걱정하겠다."

"근데 할아버지, 엄마도 저 사라진 거 알아요?"

"왜? 혼날까 봐 걱정되냐? 허허. 오늘 일은 우리끼리 비밀로 할까?"

"네!"

"이제 집으로 가자."

할아버지가 먼저 앞장서 걸었다. 할아버지의 등이 땀으로 흥건히 젖어 있었다. 이 더위에 혼자서 별별 상상을 다 하면서 나를 찾아 헤맸을 할아버지를 생각하니 코끝이 찡했다. 나는 뛰어가서 할아버지의 손을 살며시 잡았다. 할아버지가 환하게 웃으면서 내 손을 힘주어 잡았다.

저스트 댄스의 연습이 있는 토요일 오후. 지난주에 있었던 다툼 때문에 연습실 분위기가 영 어색했다. 나는 본격적인 연습 전에 성준이와 팀원 모두에게 미안하다고 사과했다.

"그동안 내가 너무 이기적이고 잘난 척만 했던 것 같아. 내가 리더인데 멋대로 팀 분위기를 망쳐서 정말 미안하다. 그리고 성준이 말처럼 내가 짠 안무가 표절이 맞는 것 같아. 성준이 말 듣고 내가 춘 춤을 영상으로 찍어서 천천히 살펴보니 다른 댄스 팀들의 안무가 군데군데 섞여 있더라고. 잘해 보고 싶은 욕심에 그땐 잘 못 느꼈던 것 같다. 진심으로 너희 모두에게 사과할게. 너희들만 괜찮다면 처음부터 다시 너희랑 함께 준비해서 멋진 공연을 하고 싶은데……."

"뭐래? 장난하냐? 당연히 같이 해야지!"

"우리가 누군데! 춤에 미친 춤꾼들의 모임 저스트 댄스라고. 우리의 실력을 제대로 보여 주자고."

"자기 잘못을 인정하고 먼저 사과할 줄도 아는 우리 리더 진짜 멋지네!"

내 걱정과는 달리 성준이와 친구들은 아무렇지도 않게 내 사과를 받아들였다. 아니 오히려 나를 멋지다고 응원해 줬다. 저스트 댄스가 비로소 하나의 팀이 된 것 같았다. 나는 가을 댄스 경연 대회에서 〈대취타〉와 같은 전통 음악에 저스트 댄스의 춤을 맞춰 해 보자고 아이디어를 냈다.

"굿 아이디어! 전통 음악에 현대적인 댄스라니 오히려 더 힙할 수 있을 것 같은데."

친구들은 좋은 생각이라며 함께 안무를 짜 보자고 했다.

엄마랑 약속한 박물관 역사 탐방 교실은 이미 한참 전에 끝났다. 하지만 나는 할아버지와 매달 한 번씩 박물관에 갔다. 박물관에 가기 전에는 미리 인터넷으로 자료도 찾아보고 공부도 했다. 아는 만큼 보인다는 말처럼 공부하다 보니 생각보다 역사도 재미있었다.

오늘은 할아버지와 국립중앙박물관에 가는 날이다. 이번 달에는 특별 기획으로 세계의 전통 음악을 주제로 한 전시회가 열렸다. 세계 각국의 전통 음악과 전통 악기들, 우리나라의 전통 악기들도 소개되어 있었다. 전통 제례악과 궁중 음악에 쓰였던 편종, 편경, 운라 같은 악기들도 있었다.

그리고 한쪽에는 〈대취타〉를 연주하는 전통 악기들이 가지런히 전시되어 있었다. 나는 발걸음을 멈추고 유리 너머를 한동안 들여다보았다.

징, 태평소, 나각, 나발, 북, 자바라 등 익숙한 악기들이 시간을 뛰어넘은 듯 고요히 자리를 지키고 있었다. 그때 누군가가 전시된 악기 앞에 세워진 기계 화면을 터치했다. 그러자 〈대취타〉 연주가 흘러나왔다.

둥! 둥! 둥! 빠바밤! 순간, 심장이 뛰었다. 안내판에는 1907년 미국 빅터 음반사가 발매한 〈황실 대취타〉라고 쓰여 있었다. 태평소의 선율이 울려 퍼지자 나도 모르게 눈물이 핑 돌았다.

대취타 악기들 아래 설명 칸에는 빛바랜 작은 흑백 사진도 하나 전시되어 있었다. 덕수궁 전각을 배경으로 황실 취타대가 악기를 들고 찍은 사진이었다. 황 집사 어르신, 춘복이 아재, 만식이 아재, 길삼이 아재 사이에서 키 작고 앳된 얼굴의 김윤이 태평소를 들고 활짝 웃고 있었다.

"다들 잘 지내죠? 전 잘 도착했어요."

나는 사진 속 그리운 이들과 반갑게 인사를 했다. 눈물이 핑 돌았다. 하지만 슬프지는 않았다. 오히려 마음이 따뜻해졌다. 한참을 머무르다 다른 전시관으로 이동하는데 로비에서 우연히 한 포스터를 발견했다.

노랑, 파랑, 빨강으로 알록달록하게 꾸며진 포스터 속에 익숙한

취타대 악기들이 반짝반짝 빛나고 있었다.
 '김윤, 네가 그렇게 지키고 싶어 했던 소리가 시간의 문을 넘어 지금도 이어지고 있어.'
 나는 주머니 속 회중시계를 꽉 움켜쥐었다.

대한 제국의 마지막 황제, 순종 즉위식

1897년 10월 12일, 고종은 조선이 독립적인 국가임을 알리기 위해 새 이름인 대한 제국을 선포했어요. 하지만 주변 강대국, 특히 일본의 강한 압박을 받았지요. 1905년, 일제는 강제로 을사조약을 맺으며 대한 제국의 외교권을 빼앗았어요. 그러자 1907년, 고종은 제2차 만국평화회의가 열리는 헤이그에 특사를 보내 일제의 침략을 알리려고 했어요. 하지만 곧 일제에 발각되었고, 일제는 이 사건을 빌미로 고종에게 황제 자리에서 물러나라고 강요했어요. 고종은 황위를 지키기 위해 당시 황태자였던 순종에게 대리청정을 명했지만 일제는 순종에게 양위하라고 고종을 압박했어요.

1907년 7월 20일, 고종이 아들 순종에게 황제 자리를 물려주는 가짜 양위식이 열렸어요. 하지만 양위식은 고종과 순종 모두 참석하지 않은 권정례로 치러졌어요. 그럼에도 일제는 고종이 자발적인 의지로 순종에게 평화롭게 황제 자리를 넘겨주었다고 거짓으로 발표했어요. 그로부터 40여 일이 지난 8월 27일, 순종이 황제가 된 것을 온 나라에 알리는 진짜 즉위식이 열렸어요.

하지만 이미 대한 제국은 너무 약해져 있었어요. 나라의 권력이 일본에게 넘어가 순종은 일본의 간섭을 받으며 대한 제국을 다스려야 했지요. 결국 1910년 8월 29일, 한일 합병 조약이 체결되면서 일제 강점기가 시작되었어요. 순종이 즉위한 지 불과 3년 만에 대한 제국과 순종 모두 역사 속으로 사라졌지요.

왼쪽-순종 초상 : 순종은 대한 제국의 제2대 황제이자 조선의 마지막 왕이에요.
오른쪽-순종 황제 즉위 기념 사진 엽서 : 즉위식이 열렸던 돈덕전과 순종 황제 사진이 인쇄된 엽서예요.